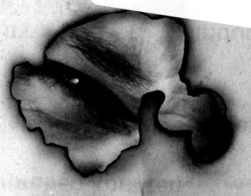

1. Auflage

Veröffentlicht im Verlag **NOVA**TEXT GmbH
Langenmantelstraße 30, 86153 Augsburg.

Recherche-Teams und Autor haben ihr Bestes
gegeben. Dennoch können sich bei einer solchen
Arbeit Fehler einschleichen, für die der Verlag
natürlich keine Haftung übernehmen kann.

Die Bewertung der Lokale beruht
ausschließlich auf subjektiven Eindrücken
der Recherche-Teams und des Autors.

Das verwendete Bildmaterial steht in keinem
Zusammenhang mit den Beschreibungen
der Lokale.

Coverillustration: Claus Danner
Fotos: Bernd Jaufmann
Design, Layout & Chaosbegrenzung:
no limit productions - AuXburg
Druck & Repro: Verlagsdruckerei Kessler -
86399 Augsburg/Bobingen

Bezugsadresse:
HEROLD Verlagsauslieferung GmbH
Kolpingring 4
82041 Oberhaching/München
Fon: 089/6138710 - **Fax:** 089/61387120

Lutz Birkner/Franz Rappel

Kölns
beste
Kneipen

4

Dies ist bereits das vierte Machwerk und Rachwerk von "Splash-Guides", – dem Gedankenblitz-Labor, in dem engagiert experimentiert wird...

...mit Zyanit und Zynikali, um – mit mehr als nur ein bisschen Biss – das deutsche Nachtleben neu zu kartografieren!

Die Kiste ist im Kasten: Wir haben geschuftet und sind fertig in doppelter Hinsicht. – Die Ehrung reichen wir nach oben weiter: Dem Himmel sei Dank!

Unsere investigativen Recherche-Teams brachen – "ahoi!" – auf und besuchten – "alaaf!" – alle Kneipen mit Rang und Namen:

keine Larifari-Safari, – sondern eine intensive Prüfung der Lokale auf Herz, Nieren und Leber. (Zitat: "Manche Lokale sind so schlecht, dass man dreimal nachrecherchieren muss, bevor man sie vergessen kann!")

Über deren Rapporte und Reporte machten sich zwei Schreiberlinge aus unserem Autorenpfuhl her...

...und schliffen so lange mit vereinten Kräften und Säften, bis die Pointen scharf waren – Motto: professionelle Blödeleien statt blöde Laien!

• Lutz Birkner – Gagschreiber bei Brainpool, hat eine gute Balance hingekriegt zwischen Intellekt und Intelleckmich...

• Franz Rappel – Headwriter der Splash-Guides-Reihe und Wortwitz-bold, der immer schon mehr wollte als nur in Wahrheit wühlen...

Für die Modeljungs und Fotoschnecken in den Fotostrecken zeichnet sich Bernd Jaufmann verantwortlich: Wir schickten ihn auf Piste, bis die Puste ihm ausging...

Das Layout stammt von "no limit productions" – das PS-Team aus Anja P. und Dieter S.:

die Endless-Sessions am Apple, natürlich in Nachtarbeit,...

Vorspiel

...haben einweckgummigroße Ringe um die Augen gezeichnet (...und wir müssen sagen: "Sie stehen euch nicht schlecht!").

Alles Gute bis zur Neuauflage wünscht das

„KÖLNS BESTE KNEIPEN" - TEAM!

In eigener Sache:

Das "Splash-Guide" -Team ist immer auf der Suche nach – professionellen! – Autoren:

graphophile Wortakrobaten und Pointenschleifer, die noch die Wahrheit zu sagen wagen, auch wenn diese immer lustig ist...

Inhalt

S tadtviertel
INNENSTADT

S tadtviertel
RINGE

8

S tadtviertel NORDSTADT

S tadtviertel EHRENFELD

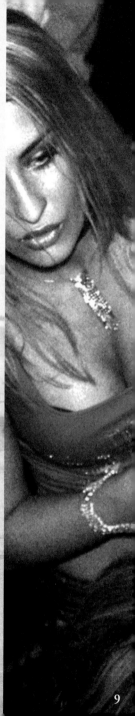

Stadtviertel SÜDSTADT

Stadtviertel KWARTIER LATENG

10

S tadtviertel ALTSTADT

B EST OF THE REST

CLUBS & PARTIES

14

Un_____str.

Appelh_
Platz

Norber_____sse

_hrenstr.

_felder. G.

Zeughausstr.

Burgmauer

Ju___

Friesenstr.

Elisenstr.

g

_agnusstr.

Helenens.

Schwalbeng.

K_

A.d.Berlich

Appelhof
Platz

Palmstr.

Albertusstr.

8

Breit_

Hohen_

Ehrenstr.

Breite Str.

4

_modstr.

Friesenwall

Benesisstr.

Gr. Brinkg.

Gertrudenstr.

Wolfsstr.

Rich_

Zeppelinstr.

Rudolf
Platz

Mittelstr.

Mittelstr.

2 5 9

Brüde_

Hahnenstr.

Im Laach

Neumarkt

6

Cäcili_

Schaafenstr.

Marsil-
stein

Am Rinkenpfuhl

Mauritiussteinweg

Clemensstr.

Thieboldsgasse

Fleischmengweg

Peterstr.

Mauritiuswall

Rubensstr.

Bobstr.

Tie_

Agri_

Humboldtstr.

Arndtstr.

Jahnstr.

_gasse

Alexianerstr.

Postst_

_hnstr.

7

Huhns_

Poststr.

Innenstadt

Nur ein paar Treffpunkte für tagsüber, nachts relativ tot!

- **Die Hohe Pforte** (Verlängerung der Hohe Straße) ist Areal der Leder- und Bartschwulen.

- **In der Hahnenstraße, Nähe Rudolphplatz, ein paar trendy Treffs für Heteros und Schwule.**

senhau

Komöd.-

Tunisstr.

Minoritenstr.

Hohe Str.

An

ngasse

Brückenstr.

Herzogstr.

Marspforteng.

Bür

Obenmarspfo

Perlenpfuhl

Bolzeng.

Antonitergasse

Hohe Str.

Gürzenichstr.

Pipinstr.

Nord-Süd-

Hohe Str.

Sternengasse

Stephanstr.

An der Malzm.

Rh

bach

Alfredo Bar Caffé

Die italienische Espresso-Bar ist wie ein Stück Sonnenstaat hier in Deutschland, eisig Vaterland:

klein wie ein Fiat Uno, – hektisch, laut und eng, – der Service ist pronto!

Tipp: Kölns bester Espresso und Cappuccino – un-un-unverzichtbar für's bella vita! (Dazu ein kurzes Panino oder Ciabatta.)

Publikum-Prototyp: der „piccolo borghes", wie der „Spießer" auf Italienisch heißt (Geschäftsleute, WDR-Menschen etc.).

• Außengastro (in der Breite Straße), wo die Leute versonnen, ja fast versponnen in der Sonne sitzen.

ALFREDO BAR CAFFÉ

Breite Straße 6-26, in den WDR-Arkaden; Fon 25 38 33

Geöffnet: Mo. bis Fr. 9.30-19.30 Uhr, Sa. 9.30-17 Uhr, So. Ruhetag

KVB: Appelhofplatz

Kölns einziges schwules Brauhaus:

die Jungs jung, hip und von Vater Natur mit optischen Valeurs reich beschenkt...

Der Flirtfaktor ist, huch, hoch und, ach Gottchen, straight: vorbei mit einer für alle – hier kriegen alle einen!*

Die Deko: wuchtige Rustikalität konterkariert durch schwuchtige Gemälde. –

Essen: crosskulturell bis gutbürgerlich, nicht nur das Standardrepertoire der Brauhaus-Küche. – Bier: Kölsch, nicht hausgebraut!

• Legendär sind die Trash-Parties in der Brennerei Weiß – eine Chiffre für Megaspaß und Tuntenturbotrubel!

* Trotz alledem: die Brennerei Weiß ist durchaus auch lohnend für Unschwule, denen das Thema Homosexualität buchstäblich am Arsch vorbeigeht:

Bier und Essen sind megagut (...oder, wie man früher in rostigen Worten formulierte: ausgezeichnet)!

Brennerei Weiß

BRENNEREI WEIß

Hahnenstraße 22, direkt hinter dem Hahnentor; Fon 257 46 38

Geöffnet: Mo. bis Do. 18-1 Uhr, Fr. 18 Uhr - Open End, Sa. 14 Uhr - Open End, So. 11-1 Uhr

Küche: bis 22.45, Fr. bis 23.45

KVB: Rudolfplatz

Chains

Tipp für den Hardcore-Schwulen: Kölns beste Leder- und Fetisch-Bar!

Betrieb auf zwei Ebenen: unten ein Dancefloor, wo erstklassiger Vocal House läuft,

– im Erdgeschoss eine große Bar und...

...diverse Spieleräume, wo auch Stöckchen, Peitschchen und andere Schmerzartikel zur Verfügung stehen:

durchaus ein Kulturschock für Leser, die bei „Rütli" noch an Schwur denken statt an „Lust"!

_____

Zwei Events möchten wir explizit markieren:

• Fr. Kölns beste Schwulen-Technoparty – der Laden voller Nichtheterosexueller aller Colour und Coleur (nicht nur Lederleute!).

• So. ab 16 Uhr Motto-Parties – von der Rubber-Party (...wo es pneu à pneu zur Sache geht)...

...bis zur Golden-Shower-Party (...wo Gott Eros und Gott Pipi sich die Hand reichen).

CHAINS

Stephanstraße 4; Fon 23 87 30

Geöffnet: Mo. bis Sa. 22 Uhr - Open End, Parties am Sonntag ab 16 Uhr

Eintritt: frei (10-15 DM Mindestverzehr)

KVB: Heumarkt

19

Future Point

K ölns bestes Internet-Café,

– wo schmalbrüstige Surferboys ins weltweit verkabelte Nir.www.ana entfleuchen und via Tastatur „chatten" (= Internetwelsch für „schnattern").

(...Freilich auch hier und dort Vertreter aus jenen Zeiten, als E-mail noch eine Topfbeschichtung war – die bange Frage „Bin ich schon drin oder bin ich schon out" auf die Gesichtsplatte geladen.)

Reichlich Compis und Monitore. – Angeschlossen ist ein Bistro (Basics: Pizzafood). –

Gelegentlich werden hier im Bistro Pressekonferenzen abgehalten (zu CD-Releases etc.).

Moderne Zeiten im FUTUREPOINT

Richmodstraße 13;
Fon 206 72 06

Geöffnet: So. bis Fr. 8-1 Uhr,
Sa. 10-1 Uhr

Küche: bis 1 Uhr

KVB: Neumarkt

D er Party-Italiener! Jede Nacht Livemusik und fetzige Fete:

ebenso hin- wie mitreißende Musik und schmachtend schöne Schmalz-Schlager, über die der Eine oder Andere die Ohren rümpfen mag!

(Da wird gar mancher unserer Leser sich fragen: „Bin ich denn total verrückt geworden?" –

Aber ja! Und trotzdem: super Stimmung!)

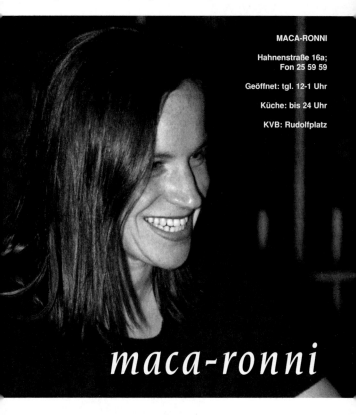

MACA-RONNI

Hahnenstraße 16a;
Fon 25 59 59

Geöffnet: tgl. 12-1 Uhr

Küche: bis 24 Uhr

KVB: Rudolfplatz

maca-ronni

Publikum: sehr viele Prominente, zu denen heutzutage ja bald jeder zweite zählt, machen großen Bohei, – alle tanzen mit frivol vernebeltem Blick...

Essen: Pizza, Pasta etc. pp. – qualitativ wie preislich hinnehmbar.

Marsil

S umma summarum: coole, schwule DJ-Bar, – die Deko eine verhaltene Liebeserklärung an die Kitschkultur...

Juvenile und springlebendige Happy-Peppy-People, immer immer gutgelaunt:

„das Leben und die Liebe muss man genießen, so lange man jung ist und sich noch beschwerdefrei bücken kann!"

(Hohe Stammgastquote – man fühlt sich fast wie damals in der Familie...

...mit dem Unterschied, dass man von vielen Seiten begehrt wird, nicht nur vom Onkel.)

Gastronomische Hardfacts: ambitionierte House-DJs, gute Cocktails.

Das Wort zum Wirt: Cyrus, eine quasi-amtliche Größe hier im schwulen Köln, schmeißt den Laden mit – aber hallöchen! – viel Fortune...

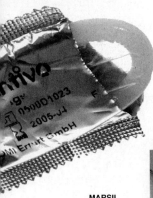

MARSIL

Marsilstein 27;
Fon 999 09 42

Geöffnet: tgl. 21-1 Uhr,
Fr./Sa. bis Open End,
Mo. Ruhetag

KVB: Neumarkt

Metronom

E nge Jazz-Kneipe: verrauchter, vergilbter, verschrumpelter Verschlag...

...und auf dem Plattenteller eiern eitle Raritäten (einladend: ausladende Musiksammlung!).

Findet zuhauf Zulauf von Jazz-Fanatikern, die hier fachsimpeln, während durch's Lokal ein rauchiges Odeur von Whisky und Wehmut weht...

Tipp: Guinness vom Fass!

Das Metronom ist schon seit drei Dezennien ganz weit vorne, wenn es um Jazz geht. (An den Wänden hängen Fotos aus der 30-jährigen Kneipenhistorie!)

METRONOM

Weyerstraße 59;
Fon 21 34 65

Geöffnet: tgl. 20-1 Uhr

KVB: Barbarossaplatz

23

Moderne Zeiten

E in Selbstgänger seit einer geschlagenen Dekade:

unverzichtbar für die gastrono mische Infrastruktur hier in der Innenstadt, – wenngleich das Interieur arg am Vergangenen klebt...

Tagsüber immer gut, um sich zu treffen, – mittags viele Büroleute:

Bügelfalter, Selbstbinder und Nach-dem-Schneuzen-ins-Taschentuch-Schauer...

Abends Geschäftsleute, jenseits der vierzig und gediegen gewor-den:

„Das Schärfste, was ich dieses Jahr hatte, war die Portion Penne arrabiata beim Italiener!"

Tipp: sehr gute Weine (...zu Preisen, dass auch armen Tröpfen die edlen Tropfen erschwinglich werden).

Das Moderne Zeiten eröffnete 1990 als Blueprint für eine neue Generation von Gastronomie:

das damals einzige, jetzt einstige Szene-lokal in der Innenstadt bot erstmalig das Vollprogramm vom Frühstück bis zum Spättrunk, vom Kaffeetrinken bis zum Großessen.

(Alle anderen dachten seinerzeit noch in Kategorien: entweder war man Konditorei-Café oder Kölsch-Kneipe oder Restaurant!)

MODERNE ZEITEN

Breite Straße 100, Ecke Auf dem Berlich; Fon 257 51 71

Geöffnet: tgl. 9-1 Uhr

Küche: bis 24 Uhr

KVB: Appelhofplatz

D er vielleicht nicht gerade stock-, so doch verhalten schwule Laden kommt in Doppelnatur:

tagsüber Café, – abends Bar!

• tags Treffpunkt, um sich kurz hallöchen zu sagen und einen Kaffee zu klatschen.

(Tipp: Kölns beste Eierlikör-Torte – mehr als nur eine undezente Reminiszenz an das virile Umfeld!)

• nachts sehr gute Cocktails, – am Wochenende treibt DJ Gucci, in Funktion als Psychokatalytiker, mit London-House die Stimmung auf die Zinne.

(Dann eminenter Baggerbetrieb – alle sind überschwenglig gut gelaunt!)

Transfert

Die Kellner hier im Transfert frappieren durch einen erstaunlichen Arroganzquotienten:

oft spielt sich zwischen Gast und Bedienung ein stiller Machtkampf ab, in dem nur einer siegen kann...

TRANSFERT

Hahnenstraße 16; Fon 258 10 85

Geöffnet: tgl. 12-1 Uhr
(Fr./Sa. bis Open End)

KVB: Rudolfplatz

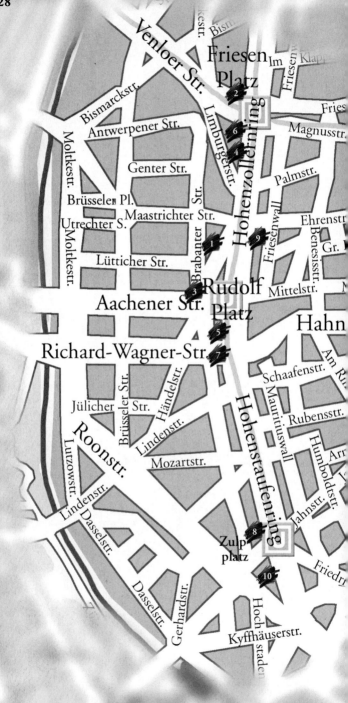

Die Ringe

Boulevard und Flaniermeile, wenn auch oft als edelpolo apostophiert! – Am Wochenende ist hier das halbe Umland auf Piste. Außerdem: viele Touristen!

Toll zum Flanieren bei schönem Wetter, wenn man/frau sich sexy ins Straßencafé setzt. – Auch tagsüber!

• die Ringe ziehen sich von der Christophstraße bis zum Barbarossaplatz; zu Fuß 25 Minuten

• der harte Kern der Ringe, wo sich alles drängt, liegt zwischen Friesen- und Rudolphplatz; zu Fuß 10 Minuten.

Helene

Breite Str.

Gertrudenstr.

Wolfsstr.

Zeppelinstr.

Im Laach Clemensstr.

Neumarkt

Thieboldsgasse

Fleischmengweg

Cäcilienstr.

Peterstr.

Tiet

Bobstr.

Alexianerstr.

Post

1 Bruegel
2 Capitol
3 Joe Champs
4 Klapsmühle
5 La Strada
6 Metropolis
7 Paul's Club
8 Peppermint
9 Poco Loco
10 TN – Tag- und Nachtcafé

Bruegel

L ive-Musik zwischen Jazz und Soul, – auf der Bühne kreischt ein Ensemble mit whiskyrauer Stimme und gibt dem Soul die Seele zurück...

Goldgerandetes Publikumsprofil: Geschäftsleute mit Geld und Geltung, – und eine Minorität echter Musikkenner, die nicht nur den Klang der Bank-Noten zu schätzen weiß!

Ambitionierte Cocktails – hingeshakt von Bartendern, die sich mit Ruhm bekleckert haben, nicht nur mit Rum!

Das Bruegel schmiegt sich im Flair einer New Yorker Bar: dunkle Polster, ein Regal und die obligatorisch laaaange Theke...

Tagsüber ebenfalls geöffnet und Treff von Messebesuchern und Rechtsanwälten. – das Essen ist o.k.

BRUEGEL

Hohenzollernring 17; Fon 25 25 79

Geöffnet: Mo. bis Fr. 12 Uhr - Open End, Sa./So. 18 Uhr - Open End

Happy Hour: tgl. 20-22 Uhr (alle Cocktails ca. 12 DM)

Küche: bis 24 Uhr; Lunch 2-Gänger für 15 DM

KVB: Rudolfplatz

CAPITOL

Hohenzollernring 79-83; Fon 952 07 73

Geöffnet: Mo. bis Fr. 11-1 Uhr (Fr. bis Open End),
Sa./So. Ruhetag

Küche: Mo.-Fr. von 11-23 Uhr (Gerichte für ca. 10 DM)

KVB: Friesenplatz

K ennt man überall in Deutschland zwischen Paderborn und Matterhorn, weil von hier TV Total ausgestrahlt wird!*

Trotzdem: weniger Touris als befürchtet, – sondern Medienpeople, Büropopel und TV-Promis aller Art und Unart,

– die das bordeauxrote Café-Resto zum Laufsteg der Eitelkeiten machen; Ehrenrunden werden auf der Sonnenterrasse gedreht.

Ein Tipp für tagsüber, – abends lohnt sich das Capitol nur an den Tagen, an denen TV Total aufgezeichnet wird.

Essen: deutsch-mediterrane Küche. – Tipp ist das Capitol-Baguette, ein kulinarischer Erquickie mit Bacon, Tomaten und Käse für 8 DM.

---

* Bis 1998 wurde im hinteren Theaterraum die Harald-Schmidt-Show aufgezeichnet, – dann die Wochenshow mit Ingolf Lück,

– und seit 2001 TV Total mit Stefan Raab: Mo. bis Do. gegen 19 Uhr (Ticket-Hotline: 01805/ 33 43 34). Wird via Monitor live ins Café übertragen.

31

Joe Champs

Kölns beste Sportsbar, – riesengroß mit flimm-flimmflimmernder Großlein-wand und breitem Publikum...

...vom hippen Trendsportler aus Amiland bis zum rettungs-beringten Thekenschwitzer und -schwätzer.

US-Essen für Junkfoodfans: Texmex, Hamburger und French Fries (...gerade letztere sind dergestalt nicht nur in der Form, sondern auch im Geschmack, dass sie einem leicht aus den Ohren heraus-kommen).

Das Champs gibt sich mega, hip und trendy. Da liegt es nahe, dass das Per-sonal die Bestellung mit modernster Funk-High-Tech aufnimmt, – auch wenn manch Kellnerin dabei eine Souveräni-tät zeigt wie Mike Tyson bei einem Schachtournier...

JOE CHAMPS

Hohenzollernring 1-3;
Fon 257 28 54

Geöffnet: tgl. 12-1 Uhr
(Fr./Sa. bis Open End)

Happy Hour: tgl. 17-19 Uhr
und 23-1 Uhr

Küche: bis 0.30 Uhr,
Frühstück bis 15 Uhr

KVB: Rudolfplatz

Klapsmühle

KLAPSMÜHLE

Hohenzollernring 39-41; Fon 257 12 27

Geöffnet: Mi., Fr., und Sa. 20 Uhr - Open End,
So. 20-1 Uhr. Mo., Di. und Do. Ruhetag

Türsteher: liberal; Eintritt: ca. 10 DM

KVB: Friesenplatz oder Rudolfplatz

D er Bagger- und
Prollladen mit dem
hemmungslosen Spaßficktor...

...kommt daher mit dem distin-
guierten Flair von Bumsen, Bier
und Ballermann:

geile Jungs mit goldenen Ketten bringen
– unter phonstarkem Gegröööle (bis 70
dezidebil!) – reihenweise knallblonde Mädels
zu Phall!

Partnerwahlkriterien: die Absätze hoch, die Röcke
kurz, die Aus-schnitte primitief. –

• Das Partyprogramm ist eindeutig:

alterniert und variiert zwischen Singleparty, Karaoke
und Mallorca-Party.

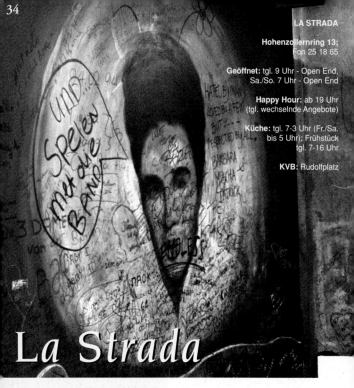

LA STRADA

Hohenzollernring 13;
Fon 25 18 65

Geöffnet: tgl. 9 Uhr - Open End,
Sa./So. 7 Uhr - Open End

Happy Hour: ab 19 Uhr
(tgl. wechselnde Angebote)

Küche: tgl. 7-3 Uhr (Fr./Sa.
bis 5 Uhr): Frühstück
tgl. 7-16 Uhr

KVB: Rudolfplatz

La Strada

Prototyp einer Café-Kneipe auf dem Kölner Ring:

hier an der hektischen Straße, die ja nicht unbedingt als Rue de la Ruhe bekannt ist...

...sitzt das Pöbelikum, für das – „korräääkt!" – der GTI tiefer gelegt und – „stereotypisch!" – die Anlage im Auto auf Bumm-Bumm-Lautstärke gedreht wird.

Dennoch – das La Strada lohnt sich nicht nur zum Girlsgaffen:

zuvorkommende Kellner und entgegenkommende Preise (guter Cappuccino; Cocktails nur 10 DM).

Metropolis

Urbanistisches Flair und gustiös möbliert, – abends teilweise Live-DJs und Konzerte.

Publikum: freilich sahen wir auch hier scheinreiche Porschefahrer (Zitat: „Warum kleinmütig, wenn's großspurig auch geht?"),

– aber auch rechtschaffene Anwälte und Geschäftsleute (Zitat: „Die Welt gehört dem Tüchtigen, nicht dem Tropf"),

– bis hin zu biederen Familienvätern im besten Bums-Alter (Zitat: „Ich lege mich jede Nacht zu meiner Frau und – bums! – schon bin ich eingeschlafen!")

Spätnachts, vor allem am Wochenende, viel Umland-Publikum.

Küche: diverse Frühstücks-Versionen, später dann auch profundes Essen!

• Sehr schöne Sonnenterrasse, wo Frauen sexy Beine zeigen – strumpflos, haarlos, makellos...

METROPOLIS

Hohenzollernring 51;
Fon 25 13 50

Geöffnet: tgl. 10 Uhr - Open End

Happy Hour: tgl. 17-20 Uhr

Küche: bis 1 Uhr

KVB: Friesenplatz

PAUL'S CLUB

Habsburger Ring 9-13;
Fon 228-0

Geöffnet: nur Fr./Sa.
22 Uhr - Open End

KVB: Rudolfplatz

Paul's Club

C ocktail-Bar im Nobelhotel Crown-Plaza – nur am Wochenende
geöffnet!

Soul- und Funkcombos schmalzen sich die Seele aus dem Leib...

...während das Publikum dem Hang und Drang zum Schischismus
hemmungslos nachgibt!

Primär finanziell gebenedeite Leute, die wo mal wieder ihre trendige
Avantgarderobe ausführen wollen. – (Wir sahen auch manch 35-
jähriges Girlie im Flittchenflitter – immer noch auf der Suche, ob
sich nicht 'was Besseres findet als der nächst Beste!)

Interieur: Standard einer Bar, dunkel durchleuchtet. – Dazu
Cocktails der Extraklasse (...freilich zu Preisen, die unsereinem
durch Mark und Pfennig gehen!).

Das Wort zum Wirt: Paul Lowe tritt hier gelegentlich mit seiner Band auf.

  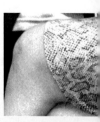

S zene-Klassiker und eine Landmarke in der Kölner Gastronomie:

hier inszenieren sich angeschickte Studenten – fröhlich und frisch wie Zahnpasta und in den Startlöchern für ein berufliches Halleluja...

(Flirtbetrieb: raumgreifend und nicht ohne eine gewisse Beliebigkeit!)

• ideal als Treffpunkt vor der Kneipen-Tour de Force durch's Zülpicher Viertel!

• ab 1 Uhr gut für einen Absacker respektive Schlussspurt.

Essen: texmexikanische Küche bis 2 Uhr früh – qualitativ nah an der Bestmarke.

PEPPERMINT

Hohenstaufenring 23;
Fon 240 19 29

Geöffnet: Mo. bis Sa. 16 Uhr - Open End,
So. 16-1 Uhr

Happy Hour: tgl. 18-19.30 Uhr
und 24-1 Uhr

Küche: tgl. 18-2 Uhr

KVB: Zülpicher Platz

Poco Loco

B ar-Resto am Hohenzollernring, der Promenade der Pomade-Fraktion...

(Im Einzelnen: Jungs mit Gel im Haar, die potemkinschen Glamour verbreiten,

– und barbiepuppenschöne Mädels, die der Duftspur des leichten Geldes folgen.)

Später am Abend eminenter Baggerbetrieb:

„Man möchte bei den Frauen ja nicht nur ankommen, sondern auch kommen!"

Zwei Ebenen. Hell, übersichtlich. Und Bedienungen, die mit zwei Argumenten überzeugen: kecker Busen!

Essen (asiatisch bis amerikanisch) und Cocktails in der – (sofern unser Recherche-Team unkorrumpiert kolportiert) – Spitzenqualitätsklasse...

POCO LOCO Köln

Hohenzollernring 22-24,
neben dem UFA-Kino;
Fon 257 61 82

Geöffnet: tgl. 11.30 Uhr - Open End

Küche: bis 24 Uhr

KVB: Rudolfplatz

F ast rund um die Uhr geöffnet – ideal für ein vorgezogenes Frühstück um vier Uhr früh...

Ellenlange Karte von Pizza bis Steak,

– jedoch von mediokrer, wenn nicht gar malizöser Qualität! (Tipp: schon viele Gäste haben sich ihr Essen, ähnlich ihrer Begleitung, kurzerhand schöngetrunken...)

Nachts horrender Hochbetrieb: wir sahen eine schwankende Schwemme aus Studis, Assis und sexaufschiebenden Pärchen. – Tagsüber ist der Laden lustlos leer!

Interieur: kommt bistronormal mit unnormal grellem Licht.

TN

TN

TAG- UND NACHTCAFÈ

Hohenstaufenring 11; Fon 24 57 54

Geöffnet: tgl. 7 Uhr - Open End

Straßencafé: bis 24 Uhr

Küche: tgl. 11-5 Uhr;
Frühstück 7-11 Uhr

KVB: Barbarossaplatz

Friesenviertel

Mausert sich mehr und mehr zu Kölns beliebtestem Ausgeh-Viertel, für den Underdog ebenso wie für den Yuppie.

Ein klassisches Nachtrevier, – erst ab 23 Uhr geht der Betrieb richtig los!

• Fast alles spielt sich in Friesenstraße und Friesenwall ab!

1 4 Cani della città
2 Arkadia
3 Barista
4 Dos Equis
5 Heisig und Adelmann

6 Hemingway
7 Jameson
8 Klein Köln
9 Lotte Haifischbar
10 Päff
11 Päffgen Brauhaus
12 Pink Champaign
13 Ring Bar
14 Spitz
15 Waschsalon

Arkadia

ARKADIA

Friesenstraße 52;
Fon 139 26 50

Geöffnet: tgl. 20 Uhr - Open End

KVB: Friesenplatz

D ieser Mix aus Bar und Club ist Magnet für unsre Jüngsten hier im Friesenviertel!

Kommt wie Kölns längstes Soap-Casting, – Postpubertäre praktizieren in guten Zeiten und in schlechten Zeiten verbotene Liebe... aber wir bleiben unter uns:

• kühles Herumgestehe und -gestiere in der plüschpurpurroten Bar.

• im hinteren Tanzkabuff läuft Elektromucke aus den Boxen und Drüsenwasser der Kids die Wände runter.

Rarität ist die Herrentoilette: kein Urinal wie überall, um verbissen zu pissen, sondern so freundlich und hell wie ein gelber Strahl,

– das auch den narzisstischen Pingel und Pinkler befriedigt (en detail: verspiegelte Urinierwand, wo man sich beim Abschlagen seiner Wasserschlange zusehen kann).

Dos Equis

Puffrote Plüsch- und Szene-Bar mit dem Bonus Allwetter-Biergarten.

Publikum: beschwipste Schlipsträger ebenso wie Studenten mit väterlichem Kreditrahmen. Auch wenn man cool dazugehört, möchte man keine Szene machen...

...sondern beschnuppert sich – eher unterschwellig als schwellig! – schwanzwedelnd zwischen unzähligen Hundeporträts...

(Hier gilt: Bier statt Tequila und House-Sound statt Texmex-Folklorekokolores.*)

• Biergarten: im Hinterhof, – mit separater Bar, – im Winter überdacht und beheizt.

---

* Außer dem Namen steht in der Bar nichts im mesoamerikanischen Bezug. „Dos Equis" hört sich halt hipper an als „Peters Kölschkneipe".

DOS EQUIS

Friesenstraße 62, Ecke Friesenwall; Fon 13 38 98

Geöffnet: tgl. 19 - Open End

Biergarten: bis Open End

KVB: Friesenplatz

Jameson

JAMESON'S Distilling Pub

Friesenstraße 30-40,
neben dem Dorinth-Hotel;
Fon 912 33 23

Geöffnet: Mo. bis Do. 11-1 Uhr,
Fr. bis So. - Open End

Küche: bis 23 Uhr, Fr./Sa. bis 24 Uhr

KVB: Friesenplatz

I rish Pub. Sehr groß und massen-
betriebsam – wichtig auch
wegen seiner zentralen Lage.

Publikum: zu 60 % Eng- und
Irrländer (...letztere mit noch röte-
ren Haaren als unser Borrris
„Ääääh" Becker),

– der Rest sind Goten und Hun-
nen deutscher Provenienz. Alles in
allem aber recht gediegen; es dominieren Kostüm und Businessgrau.

Essen: handfeste Hausmannskost
(unvermeidlich: Irish Stew). –
Dazu Guinness vom Fass*.

• Fr. bis So. abend Livemusik: Irish
Folk, Pop und Trallala. Die
Stimmung ist, wie's im Brit-Slang
heißt, „jolly good"...

„Guinness is good for You", lehrt ein lapidarer
Werbeslogan aus Dublin.

(Auch wir konnten beobachten, dass Leute bei
Guinness-Dauerkonsum nicht nur eine rote
Nase kriegen, sondern auch lustig werden –
zumindest so lustig, dass sie sich über ihre
rote Nase freuen können...)

HEISIG UND ADELMANN

Friesenstraße 5;
Fon 130 94 24

Geöffnet: Mo. bis Fr. 12 Uhr - Open End,
Sa. 18 Uhr - Open End

Biergarten: bis 23 Uhr

Küche: bis 23 Uhr

Türsteher: nur Fr./Sa. (liberal)

KVB: Friesenplatz

Heisig und Adelmann

S chicker Bastard aus Bar,
Restaurant und Biergarten:

hinter Porschebrillen getarnte
Jaguarfahrer, Schickimickis und
Schickimickeymäuse,

– freitags und samstags natürlich...waidmannsheil, waid-
mannsgeil...Mäuschenjagd.

Interieur: Bar und hinteres
Resto hoch, hell und hedonis-
tisch heiter. Der mediterrane
Biergarten rundet das Raffa-
ello-Feeling ab.

Gehobene Küche (um 30 DM),
– die Fischgerichte greifen glatt
nach den Michelin-Sternen
(kommen von „Lerch,
Hummer & Co.", Hamburgs
bestem Fischlieferanten!).

Pseudo-kubanische Cocktailbar und Baggerbühne für geföhnte, schnöde Schöne und öde Geldscheinwerfer:

Betriebsamkeit und Triebsamkeit an der Bar und auf der Tanzfläche im Souterrain, – sprich: es wird gelebt und geliebt, was die American-Exzess-Karte hergibt!*

(Das Ganze, natürlich, bewacht von einem Türannosaurus!)

Tipp: Kölns beste Caribbean Cocktails (wie von Gottes Hand werden 90 Sorten Rum teuflisch gut vermixt!). – Außerdem: 70 Sorten Whisky.

Hemingway

* Viele Gäste kommen aus dermaßen gutem Hause, dass ihnen die Mama ihr Konsum-Credo förmlich in die Wiege gesungen hat: „guuuutschi, gucci, Gucci..."

HEMINGWAY
Tropical Cocktail Bar

Friesenstraße 43;
Fon 258 28 11

Geöffnet: tgl. 21-1 Uhr
(Fr./Sa. bis Open End)

Tür: mittelhart

KVB: Friesenplatz

Klein Köln

KLEIN KÖLN
Friesenstraße 53;
Fon 25 36 76

Geöffnet: tgl. 22 Uhr - Open End

KVB: Friesenplatz

E inigermaßen zwielichternde Boxer-Kneipe, – überall Memorabilien und Boxerporträts von anno Nierenschlag...

Das Klein Köln ist längst eine Institution für Leute, die den Geruch der Verruchung suchen:

der konnotable Mann von Halbwelt fühlt sich hier ebenso wohl wie der BWL-Student, dessen größtes Vergehen es war, bei Rot über die Ampel zu gehen...

Schmissige Schlager geben dem Laden das Flair eines Las Vegas mit bröckelnder Fassade.

(Bitte einen schönen Gruß an das ergraute Elvis-Double neben der Jukebox, seit Nachtmenschengedenken Stammgast hier im Klein Köln.)

H auptpunkte: jeden Abend Live-DJ und eine lange, kommunikative Kontakt-Theke...

(...lediglich in diversen Verkrümelecken wird gelegentlich eine Frau zur Schnecke gemacht).

Publikum oder Popelikum? Jedenfalls kippen hier unspektakelige Normalos Biere ein, bis man sie ...hick... am Ende des Abends kaum noch versteht...

(...was aber nicht immer und unbedingt ein Nachteil sein muss).

Das Päff wurde vor 20 Jahren als Tochterlokal des biederen Bräuhaus Päffgen gegründet; siehe unten!

(Einzige Reminiszenz daran: in beiden wird das legendäre Päffgen-Kölsch ausgeschenkt.

P*äff*

Am Wochenende packen hier gern mal die Hintersassen aus dem Hinterland Kölns den Bagger aus...

(...sofern sie ihre führenden Blondinen nicht gleich mitbringen).

• Do. ist der Diamant im DJ-Programm: dann legen Tonmeister der „Whirlpool Productions" auf...

(...die zumindest hier in Köln weltbekannt sind).

PÄFF

Friesenwall;
Fon 12 10 60

Geöffnet: tgl. 19 Uhr - Open End

KVB: Friesenplatz

51

Kölns bestes Kölsch – das Bierchen ist Pläsierchen für jeden Kenner, der die Leber noch am rechten Fleck hat!*

Das Ganze in einem urigen, ungeschlachten Brauhaus aus dem Jahre des Herrn 1883 (...und wenn es die gute alte Zeit je gegeben hat, dann ist sie hier konserviert...)!

Speisekarte: rheinische Küche in Reinform! Preislich bei 15-30 DM. Oder, billiger – Kölsch Kaviar, eine Blutwurst mit Zwiebeln für überschaubare 6 DM.

Publikum: nicht nur Bürgersleute jenseits der Fünfzig, die sich hier ein Kölsch hinter die dritten Zähne kippen,

– sondern durchaus auch Szenegestalten, die 20 Jahre jünger und 20 Kilo leichter sind...

...sowie – oho, aber klein! – Touristen aus Jjjappan, die sich vom Dauerfotografieren erholen.

Tipp für den Sommer ist der Biergarten!

---

* Das legendäre Päffgen-Kölsch wird hier im Haus gebraut – im Familienbetrieb seit 115 Jahren!

PÄFFGEN BRAUHAUS

Friesenstraße 64-66;
Fon 13 54 61

Geöffnet: tgl. 10-24 Uhr

Küche: tgl. 11.30-23 Uhr

KVB: Friesenplatz

Päffgen Brauhaus

Pink Champaign

Köls beste Durchmach-Bar,

– immer gut als Rettungsring, wenn's mal etwas länger dauert...

...und um – „Apocalypse whow!" – lustvoll abzustürzen!

Was die Nacht schluckt, spuckt sie hier wieder aus: schrille Schrullen, schräge Schrate, Stromer und Streuner.

Einzigartig nichtartig: über 100 Cocktails ohne nächtliche Nepppreise lassen sie Stimmung steigen und das Niveau fallen...

Deko: die Bar ist puffig schön und englich intim.

(Positiv fiel uns auch der gute Soul-Sound auf: „Wenn wir schon im Zug nach Nirgendwo sitzen, dann möchten wir wenigstens nicht am Zielort von Christian Anders abgeholt werden!")

PINK CHAMPAIGN

Gereonshof 34; Fon 13 53 21

Geöffnet: tgl. 1-6 Uhr

Eintritt: 10 DM Mindestverzehr

Türsteher: liberal

KVB: Friesenplatz

Waschsalon

Dauerbrenner sowie Sehen- und-Gesehenwerden-Terrain auf der Flaniermeile Ehrenstraße:

hier residiert die ehrenwerte Gesellschaft der Großsprecher und Selbstanpreiser. –

Abends steigt der Flirtfaktor und Bauchfrei-Shirtfaktor.

Die Deko ist so kurios wie unvorhergesehen: in die Theke sind –

toll oder hohl? – Waschmaschinen eingelassen.

Leider hat sich die Speisekarte nicht gerade gewaschen – eher fad als fett...

(...jedenfalls kamen unsere Spaghetti Bolognese für 12 DM zerkocht und zerklebt – mehr Paste denn Pasta).

WASCHSALON

Ehrenstraße 77; Fon 13 33 78

Geöffnet: Mo. bis Do. 8-1 Uhr,
Fr. 8 Uhr - Open End,
Sa. 10 Uhr - Open End,
So. 10-1 Uhr

Küche: tgl. 8-24 Uhr; Frühstück
8-16 Uhr (So. 10-16 Uhr)

KVB: Rudolfplatz

RING BAR

Friesenwall 124;
Fon 912 52 51

Geöffnet: tgl. 18 - Open End Uhr

Happy Hour: tgl. 22-23 Uhr

KVB: Friesenplatz

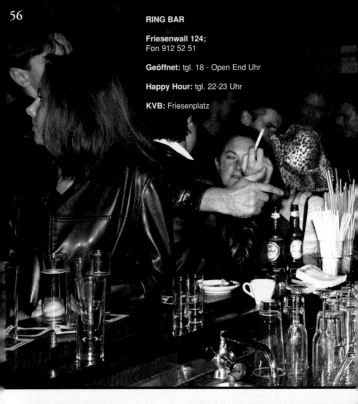

Kölns bester Promi-Promilletreff...

...wo man Leute sieht, die eine gesellschaftliche Rolle spielen (und diese ist, lieber Leser, nicht nur vierlagig!): aktuelle Stars, gewesene Größen e tutti quanti.

...und wo niveauvoll geschraubt wird: für die gute Pose liegt die Betonung auch auf se, nicht nur auf Po!

Die Cocktails lassen die Konkurrenz weit hinter sich: besondere Laudationes verdient die Caipiragola (Erdbeer-Caipirinha!)*.

• Ab 22 Uhr öffnet eine weitere Bar im Souterrain, wo schon aus Platzgründen soulig eng getanzt wird (bester Baggerspruch: „Das Sperrige in meiner Hose ist kein Geld, denn ich zahle nur mit der Platin Card!")

---

* Die Cocktails sind nicht nur könnerhaft gemixt, sondern auch gönnerhaft (Klartext: wirkstark!). – Im Zweifel das Taxi nehmen, wenn man nicht einen Privat-Chauffeur hat wie seinerzeit „Lady Die"...

Ring Bar

4 Cani

D as italienische Café-Resto ist Emblem für Hochglanzglamour!

Vor allem auf der Terrasse sitzen präsentable Leute mit satt bronzierter Haut, Sonnenbrille von Oakley und großgemustertem Gucci-Op-Art-Hemd,

– im Habitus distanziert bis unerreichbar (...Sexsymbole halt, aber halt nur Symbole):

man trinkt caffè italiano oder – noch identitätsstiftender! – einen Prosecco mit klingelingelingelnden Eiswürfeln...

Auch die Küche wird von vielen Seiten komplimentiert: deliziöses mediterranes Essen mit allen Finessen von Pasta bis Pesce,

– sofern man sich nicht lieber mit einem kleinkalorigen Sommersalat den Waschbrettbauch vollschlägt...

4 CANI DELLA CITÀ

Benesistraße 61,
nahe Ehrenstraße; Fon 257 40 85

Geöffnet: tgl. 10-1 Uhr
(Fr./Sa. bis Open End)

Küche: durchgehend bis 2 Uhr

KVB: Friesen- oder Rudolfplatz

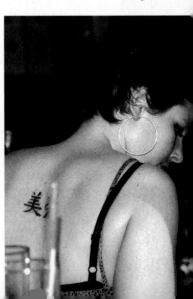

G anztagstreff in der Ehrenstraße, Kölns distinktivster Einkaufs-
zeile und Flaniermeile:

tagsüber erholen sich hier Boutiquen-Shopper mit Cappuccino
und einer Beruhigungs-Zigarette, – abends kommen dann die
Kinogänger!

Alles in allem gibt man sich sehr angeschickt (...nicht ange-
schickert!),

– zur Begrüßung hagelt es Küsschenküsschen – kurz und trocken,
links, rechts...

(Tipp ist die Terrasse, wo viele sich verstecken hinter dunklen
Brillengläsern, groß wie die Augen einer Hornisse!)

Essen: neodeutsch und mediterran, preislich 20-30 DM. Die
Bedienungen bedachten uns mit wohlwollendem Gleichmut!

Das Spitz gehört zu einer Kette, – es gibt
in Köln vier davon. Werden im Franchise-
Verfahren an die Wirte unterverpachtet.

SPITZ

Ehrenstraße 43; Fon 25 61 63

Geöffnet: tgl. 9-1 Uhr
(Fr./Sa. bis Open End)

Küche: bis 24 Uhr,
Lunch (Tellergerichte um 15 DM)

KVB: Friesen- oder Rudolfplatz

Lotte Haifischbar

Durchmach-Kneipe für Leute, die ihren Abend prolongieren wollen bis in die blauen Stunden:

...während der Woche nette Normalos,

– also jene mittlerweile selten gewordenen Jungs, die noch immer nicht in der Medienbranche jobben, sondern noch in einem langweiligen Nine-to-Five-Job malochen.

...am Wochenende kapern dann Jungs aus der Region den Laden,

– oder, wie die Alliteraten sagen: Puplikum provinzieller Provenienz nivelliert das Niveau!

Atmo: partyesk, – ab ein oder zwei Uhr zunehmend delirant!

Drinks: Kölsch, Flaschbier und – gute! – Cocktails*.

LOTTE HAIFISCHBAR

Im Klapperhof 41, nahe Friesenplatz hinter dem Gerling-Hochhaus; Fon 13 13 35

Geöffnet: Mo. bis Sa. 18 Uhr - Open End, So. 21 Uhr - Open End

Türsteher: nur Fr./Sa. (mittel)

KVB: Friesenplatz

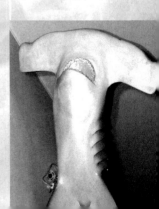

---

* Alles in allem gewahrten wir nicht ohne Genugtuung, dass es auch dieser Tage noch Leute gibt, die sich mit Bier & Co in Ekstasi zu bringen verstehen,

– mit Dingen also, die man an jeder herkömmlichen Theke kriegt, nicht nur an einer Apo-Theke...

U ptown-Bar für finanziell gepolstertes Publikum, gewandet in teure Luxus-Klamotten (...auch Geld-Wäsche genannt!):

er trägt feines Tuch, – seine kessere Hälfte ist mit pfundigen Klunkerlitzchen behängt und beringt... „Geldadel verpflichtet!"

(Geflirtet wird eher subtil und subkutan: „Eine Frau muss durchaus auch vermögens sein, ihre Beine gekonnt übereinanderzuschlagen – nicht nur sie gekonnt auseinanderzunehmen!")

Drinks: Cocktails, geshakt mit Blick auf's Weltniveau,

– sowie Champagner, die Luxuslimonade der Besserverdienenden!

Sound: von Frank „Ol' Blue Eye" Sinatra bis Destiny's Child.

Im Umkreis des Lokals sieht man natürlich Rudel von Mercedessen geparkt!

(Der Name „Mercedes" kommt im Übrigen daher, dass die Tochter des Erfinders Carl Benz „Mercedes" hieß! – Wir sind jedenfalls froh, dass seine Tochter nicht Moni hieß oder Uschi...)

Barista

BARISTA

Benesisstraße 61, im selben Gebäude wie das "4 Cani"

Geöffnet: tgl. 19 Uhr - Open End, So./Mo. Ruhetag

KVB: Friesen- oder Rudolfplatz

61

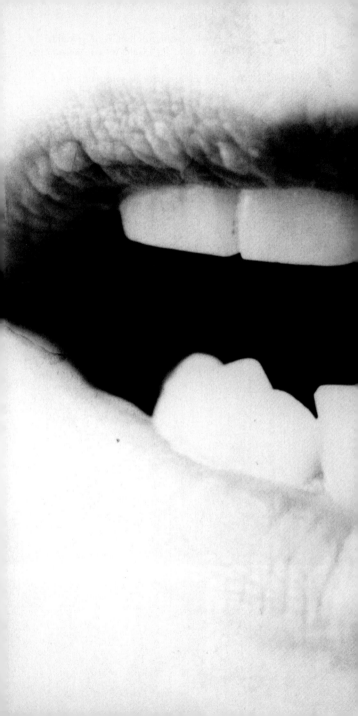

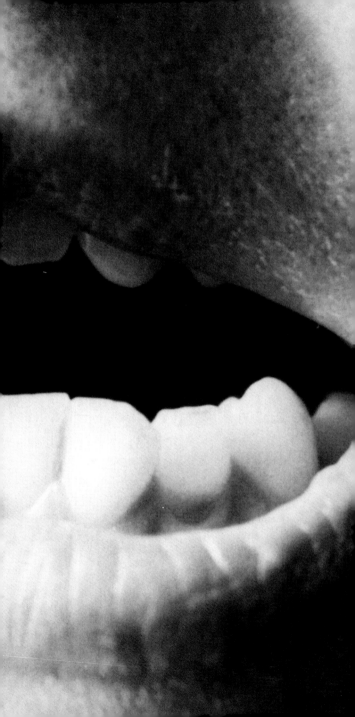

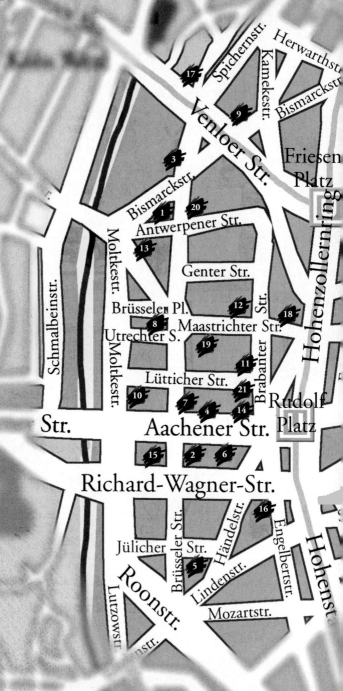

Belgisches Viertel

Das Kreativ-Viertel von Köln: Hang-out der Medienschaffenden, Musiker und arrivierten Künstler. Hat sich seit etwa zehn Jahren etabliert.

Lohnt sich tagsüber für die Cafés und abends für die Bars!

• Gastrotechnisch spielt sich das meiste zwischen Aachener und Venloer Straße ab.

1	Alcazar
2	Bar Tabac
3	Barracuda
4	Café Bauturm
5	Café Central
6	Café Storch
7	Gonzales & Gonzales
8	Hallmackenreuther
9	Harp
10	King Creole
11	Königswasser
12	M 20
13	Pepe
14	Roxy
15	Six Pack

16	Spirits
17	Stadtgarten
18	Stardust
19	Stecken
20	Tronic
21	Whistle Stop Café

Alcazar

F ührt ein Doppelleben: während der Woche versiert gemächlich,

– am Wochenende gemächtlich versiert!

• Mo. bis Do. ein lapidarer Laberladen: Nachbarn und Studenten suchen den Sinn des Lebens im ...gluck, gluck... Kölsch oder im ...glubsch, glubsch... Ausschnitt der Bedienung. – Essen: internationalistische Premiumküche!

• Fr. bis So. Baggerbühne und Triebbetrieb: rettungsberingte Enddreißiger werfen sich – Eros trotz Erosion! – inbrünftig in die Party, von den Hormonen mehr getrieben als beflügelt!*

---

* Gerade im vorgerückten Alter wird der Wunsch nach Partnerschaft oft übergroß:
Man hat genügend Lebenserfahrung, um zu wissen, dass Sex zu zweit zwar auch Flecken macht, – es wärmt aber das Herz, einen Gefährten an seiner Seite zu wissen, der diese wieder säubert...

ALCAZAR

Bismarckstraße 39; Fon 51 57 33

Geöffnet: Mo bis Fr. 12 Uhr - Open End,
Sa. 18 Uhr - Open End,
So. 17Uhr - Open End

Küche: 12-14 Uhr & 18-22.30 Uhr,
Sa. 18-22.30 Uhr, So. 17-23 Uhr

KVB: Hans-Böckler-Platz/
Bahnhof West

Barracuda

L oungige Bar – reichlich unter-
belichtet mit DJ-Abstellkam-
mer und Lümmelsofas:

elektronischer Sound bildet einen
Schaltkreis von Dub bis Pop und
kommt so intensiv wie ein Lausch-
angriff.

Man gibt sich edellässig und cool.

(...ein Kontrapunkt in diesen unseren Zeiten, wo es ja kumpelt und
oft für unseren Geschmack zu sehr
menschelt).

BARRACUDA

Bismarckstraße 44, Ecke
Maastrichter Straße; Fon 510 48 38

Geöffnet: tgl. 21 Uhr - Open End

KVB: Hans-Böckler-Platz/
Bahnhof West

Café Bauturm

Für die Einen Dauertreff im Belgischen Viertel...

...für die Anderen das längste Frühstück der Welt (bis 3 Uhr früh!).

Museal möbliert, Kronleuchter, – an der Wand hängen Bilder lokaler Künstler.

Publikum: durch die kreativen Strömungen des benachbarten „Theater im Bauturm" viele Kreativos, Karokaffee-Ökos und sonstiges Volk, das vehement renitent und resistent gegen jeden Stress ist...

Folgende Aktivposten: Kaffe, Kuchen, Karottensaft, – lecker z.B. das „Existenzialistenfrühstück" (Kaffee und eine filterfreie Rothändle für 3 DM)*.

---

* Oma sagte immer zärtlich „Nuttenfrühstück" dazu...

CAFÉ BAUTURM

Aachener Straße 24,
im Theater am Bauturm;
Fon 52 89 84

Geöffnet: Mo. bis Fr. 8 Uhr - Open End,
Sa. 9 Uhr - Open End,
So. 9.30 Uhr - Open End

Küche: 8-3 Uhr,
Frühstück bis 3 Uhr

KVB: Moltkestraße

C afé für Alternative mit Hang zu Passivität und Larmoyanz:

weltkritische Jungintellektuelle sitzen, tief ins Nachdenken gestürzt...

...und rücken die Hornbrille zurecht. (Man hat sich, auch und gerade in diesen Zeiten der Spaßkultur, seine Vergeisterungsfähigkeit bewahrt...)

Die Kneipe kommt knirpsig und kuschelig intim:

Kerzen schillern auf Holztischen, – aus den Boxen schrillen Jazz-Sachen, die weit über die Standards von George Gershwin und Cole Porter hinausgehen.

Dazu Heißgetränke sowie: diverse Kuchen (...denn der wahre Intellektuelle dobt mit Keks, nicht mit Koks!).

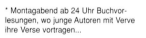

Café
Storch

* Montagabend ab 24 Uhr Buchvorlesungen, wo junge Autoren mit Verve ihre Verse vortragen...

(Bei aller Anfechtkeit der literarischen Ergüsse, die uns hier zu Ohren gekommen sind:

nach wie vor gilt unsre Liebe mehr den Denkern als den Stänkern, mehr den Möchtegern-Rimbeauds als den Möchtegern-Rambos!)

CAFÉ STORCH

Aachener Straße 17;
Fon 25 17 17

Geöffnet: Mo. bis Sa. 9 Uhr - Open End,
So. 10 Uhr - Open End

Küche: bis 1 Uhr,
Frühstück 9-1 Uhr

KVB: Moltkestraße

Cafe Central

V on frühmorgens bis spätnachts geöffnet: ein 20-
Stunden-Marathon der Dau-
erschönen und Intellgeleckten:

auf der Terrasse halten einem
die echauffierten Frauen ihre
epilierten Beine in den Weg,

– derweil die Herren der
Schöpfung ihre spaßig behaar-
ten Stachelschweinwaden ent-
blößen und nicht zuletzt
dadurch sich selbst...

Doch auch winters ist das Café
Central eine gute Anlaufstelle
zum Leutebeglotzen und für
Dolcefarniente. Abends Gedränge und flirrendes Gewese!

Das Café gehört zum Chelsea
Hotel, – zwischen Holz,
Chrom und Leder werden
Speisen der Normal Cuisine
offeriert (Pasta, Salate etc.).

CAFÉ CENTRAL

Jülicher Straße 1; Fon 207 15 20

Geöffnet: tgl. 7-1 Uhr,
Frühstück ab 7 Uhr

KVB: Rudolfplatz

A mimexikaner! Hier sitzen bemüht lässige Feierabendausklingenlasser.

(Klartext: Berufstätige klopfen sich für die vollbrachte Leistung auf die Schulter, vornehmlich auf die eigene.)

An den Tischen zischeln und tuscheln Pärchen, – erst am Wochenende – hastalavistanichtgesehn! – partyfreudigeres Publikum.

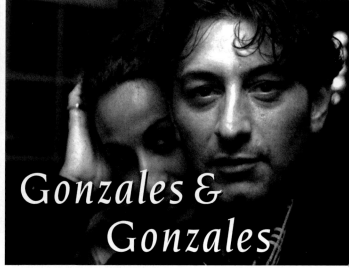

Essen: allfällige Texmex-Küchenkost kitzelt allenfalls Durchschnittsgaumen. Auch die Cocktails sind o.k. – nicht mehr, nicht weniger.

GONZALES & GONZALES

Aachener Straße 52;
Fon 51 18 66

Geöffnet: tgl. 18 Uhr - Open End

Happy Hour: tgl. 19.30-20.30 Uhr
und 23.30-0.30 Uhr

Küche: Mo. bis Fr. bis 24 Uhr,
Sa./So. bis 1 Uhr

KVB: Moltkestraße

71

Hallmacken-reuther

Cafékneipe mit schrägem Sixties-Ambiente, – die Einrichtung kitscht ins Auge...Farb- und Formvisionen wie Ikea-Shopping auf LSD...

• Ideal für Frühstück: Publikums-Mix aus Spätaufstehern mit Einkaufstaschen und Frühdenkern mit Aktentaschen. Vor allem im Sommer wegen der Terrasse zum Brüsseler Platz stark frequentiert.

• Abends dann Schöngeisterstunde der gehobenen MTV-Generation: kreative Grünschnäbel palavern, labern, sabbern und sabbeln mit Girlies aller Altersklassen*.

---

* Wir sahen Exemplare der Girlies-Gattung, die es auch mit 25 Jahren noch nicht übers Zahnfleisch gebracht haben, sich von ihrer Zahnspange zu trennen!

HALLMACKENREUTHER

Brüsseler Platz 9;
Fon 51 79 70

Geöffnet: tgl. 11-1 Uhr

Küche: 11-16 Uhr und 18-23 Uhr,
Frühstück 11-16 Uhr

KVB: Moltkestraße

73

Harp

Kölns authentischster Irish Pub: vollgestopft mit Holz und Souve-
nirkitsch, Folkmusic jault und jammert aus den Boxen...

Demnach: Treff für chronisch Irland-
Infizierte, – akute Kölner Klöner und
Karohemden-Studenten disputieren bis
zur Gehirnerweichung,

– der Rest sind originäre Bewohner der
BSE-Inseln...

Das Essen: gut und schwer (im Detail:
wahlweise Grilladen mit Salaten oder
Salate mit Grillade für die Tagesration
Cholesterin).

Tipp: exzellente Hamburger, – mit
einem Berg Toppings für handliche 15
Mark.*

• Eine Institution ist das Sunday
Breakfast (19 DM inkl. Kaffee/ Tee bis
zum Abwinken).

* Wir empfehlen definitiv die Burger mit reichlich Rinderhack,

– obwohl freichlich schon mancher Gast sich Irland so nah fühlte, dass er am liebsten,
nach altem Landesbrauch, ein Schaf vernascht hätte.

The HARP

Venloer Straße 22; Fon 510 71 99

Geöffnet: Mo. bis Sa. 16-1 Uhr,
So. 12-1 Uhr

Küche: 18-23 Uhr

KVB: Hans-Böckler-Platz/Bahnhof West

T reffpunkt für Tapas-Jünger und Mojito-Junkies – vor und nach der Piste!

Während in Villarriba noch geschrubbt wird, balzen hier Chicos und Chicas der Plapper-Class,

– und an der Theke fassen yuppieske Großtuer den Stier bei den Hörnern.

Interieur: die lange Bar fließt auf Holzparkett durch einen spanisch anmutenden Honig-topf...

...wo Santana statt enervieren-dem Kastagnettengeklapper aus der Box dudelt. –

Tipp ist die Sonnenterrasse (...denn wer in ist, den interes-siert nicht nur, wie der Hase läuft, sondern auch, wie die Häschen laufen!)

Essen: im Tapassektor ganz weit vorne!

Pepe

PEPE

Antwerper Straße 63;
Fon 510 14 14

Geöffnet: Mo. bis Fr. 17-1 Uhr,
Sa./So. 17 Uhr - Open End

Küche: tgl. bis 1 Uhr,

KVB: Moltkestraße

Roxy

K ult-Adresse zum dumpfen Sumpfen – wenn auch nicht immer
pastorentöchtertauglich:

macht Schlag Mitternacht auf...dann laaangsames Crescendo bis zum
Crashcendo...

Bukowski hätte sich hier seinen Briefkasten einrichten lassen,

– wir sahen Nachtgesocks und -gestraps, das einen Statistenpool für
jeden Tarantino-Film bilden würde:

torkelnde Tanzleichen zwischen den beiden Theken, wo man die
Gehirnzellen bei jeden Schluck laut „plopp" machen hört...

Selbstredend auch ein Hort für desperierte Last-Minute-Flirts.

ROXY

Aachener Straße 2;
Fon 25 19 69

Geöffnet: tgl. 0 Uhr - Open End

Türsteher: liberal

KVB: Rudolfplatz

F ranzösische Brasserie avant la lettre, wie sie im Buche steht:

großzügiger, übersichtlicher Raum mit Holzfußboden und dem Flair von Savoir-vivre...

Publikum: Medienschaffende und deren Friends besprechen ihre Projekte,

– alles in allem also Leute mit Esprit und Caprice, obzwar wir auch hier ab und an einen Tor de France antrafen...

Tipp für ein gediegenes Déjeuner (rrrrrösche Croissants und Café au lait!).

Abends gallizistisches Froschfresser-Food (...qualitativ aber – "quel malheur!" – ein bisschen schwankend). Dazu französische Weine.

Das Wort zum Wirt: Er hat die Spitz-Kette gegründet – ein Kölner, der das Lokal so gekonnt im Pariser Stil aufgezogen hat, als sei seine Stadt die Seine-Stadt!

BAR TABAC

Aachener Straße 21;
Fon 258 92 19

Geöffnet: Mo. bis Sa. 8-1 Uhr,
So. 9-1 Uhr

KVB: Rudolfplatz

Bar Tabac

Six-Pack

DJ-Lounge. Früher mal wilde Dosenbierparty auf Apfelsinenkisten...

...heute gesettelte Chillout-Kneipe. Bedient wankende Electrostereotypen:

am Wochenende freakiges Publikum, – während während der Woche Freaks publik werden, die die Zeit bis zum Wochenende totschlagen

Interieur: irgendwo zwischen leer geräumtem Supermarkt und Wartezimmer zum Yuppie-Zahnarzt – knautschige Couchen und zersessene Sessel!

• Mi. und Do. Electro Dub – also Reggae, der in kein Rasta passt...

• Fr. und Sa. House – aber kulinarische Klänge statt der Lollipopmusik à la MüllTV

• So. bis Di. – sphärischer, äolischer TripHop und experimenteller Techno.

SIX PACK

Aachener Straße 33,
Ecke Maastrichter Straße;
Fon 25 45 87

Geöffnet: tgl. 21 Uhr - Open End

KVB: Moltkestraße, geht auch gut vom Rudolfplatz

U nterm Strich: Kellerloch mit Live-DJ, – primär belfernder HipHop, Black Music und House.*

Trotzdem verkehren hier, abgesehen vom einen oder anderen Gangstamäßigen Rap-Depp, vorwiegend Repräsentanten einer gehobenen Subcooltur:

man parkt den Parka an der Theke und präsentiert dezent seine – "Kunst am Körper!" – Piercings.

Selbst in den Separeés ist man oberhalb der Gürtellinie zu Gange (...was erst dann tragisch wird, wenn beim Küssen sich Zahnspange und Piercing verkeilen und daraus ungewollt längere Beziehungen entstehen...)

---

* Statt der Shitparade aus der Hitparade werden hier nur ohral befriedigende Klangdelikatessen serviert, die auf Vinyl gepresst sind:

Wir verleihen die diamantene Tonnadel!

Stecken

STECKEN

Maastrichter Straße 11,
Ecke Hohenzollernring;
Fon 258 39 14

Geöffnet: tgl. 21 Uhr - Open End

KVB: Friesenplatz/
Rudolfplatz

Tronic

Relaxter, geschmeidiger Kneipen-Club, um sich die ruhig geschobene Kugel zu geben...

Publikum: erträglich ego-mane Studenten und ande-re symptomatisch sympa-thische Netties von neben-an geben ihre Understate-ments ab...

(Nur an der Theke hocken, man ahnt es, ein paar Stammgäste und zerflirten ihre Leibbedienung...)

• Am Wochenende kratzen im Keller DJs erlesenen House, Dub und Drum & Bass aus schwarzen Rillen.*

---

* DJs und Bedienungen mischen unwahrscheinlich gute Absacker...

TRONIC

Brüsseler Straße 96, Nähe Bismarckstraße; Fon 51 27 41

Geöffnet: tgl. 21-1 Uhr (Fr./Sa. bis Open End)

Eintritt: frei

KVB: Friesenplatz

American Diner – deftige Burger für derbe Farmergaumen und pudersüße Plombenzieherdesserts für den Doughnuthintern...

...und dazu, wer's mag, Kölsch aus dem Pitcher für good clean American fun.

(Tipp: Kölns beste Burger – preislich ab 15 German Marks!)

Publikum: tagsüber Büromemmen mit Biedermannsminen,

– abends dann zunehmend students der Güteklasse Achwietoll und BWL mit einem Selbstbewusstsein höher noch als das Empire State Building!

Decoration: so American-style und geschmackvoll wie eine Campbel-Suppendose!

WHISTLE STOP CAFÉ

Flandrische Straße 18,
Ecke Aachener Straße 18;
Fon 257 07 30

Geöffnet: tgl. 9 Uhr - Open End

Whistle Stop Café

Gut gemeinte Appelle helfen gegen die grassierende Coca-Colanisierung und Amerikanisierung der Gastronomie ebenso wenig wie Hustinetten gegen Houston!

(Vor drei Jahren versagte gar die Bürgerwehr der Anwohner, die unter dem Motto „zero tolerance" die Terrasse nach 22 Uhr regelmäßig mit Tomaten befeuerten...)

Happy Hour: 18-19.30 Uhr und 23.30-0.30 Uhr

Küche: tgl. bis 23.30 Uhr, Frühstück bis 11 Uhr (Sa. und So. bis 15 Uhr)

KVB: Rudolfplatz

Stadtgarten

M ultikomplex: Biergarten, Kneipenbistro und Disco-Club...

...mit breitem Publikum: hier sitzt – Seit' an Seit' und simultan – ein Mischvolk aus Normalos, Prolos und Medienheidis und -peterlis.

• Biergarten: ein Topbiotop mit knirschigem Kies und Bänken unter Bäumen...

...und einer Bier-Zapfstelle, wenn die Sonne Deutschland in glühende Landschaften verwandelt!

(Stadtbekannt: die hausgemachten Schwabbel-Pommes!)

• Bistrokneipe: seit Jahren ein Selbstläufer, – helles Design, hohe Decke, halboffene Küche.

Verlebendigt sich ab 23 Uhr – es wird gehörig, wenn nicht gar ungehörig geflirtet...

• Den Club „Studio 672" haben wir im Kapitel „Clubs & Parties" dezidiert beschrieben.

STADTGARTEN

Venloer Straße 40; Fon 95 29 94 21

Geöffnet: Der Biergarten tgl. 12-23 Uhr. Das Bistro tgl. 12-1 Uhr (Fr./Sa. bis Open End)

Küche: tgl. 12-14.30 Uhr und 18-22.30 Uhr

KVB: Hans-Böckler-Platz/Bahnhof West

King Creole

E dle, elegante, wenn nicht elegische Cocktailbar...

...im gediegen Stil einer Hotelbar, deren Interieur sich nur sehr verhaltene Späße erlaubt. Dazu plätschert Bar-Jazz.

Das Publikum freilich hat mit Eleganz und Glanz ungefähr soviel zu tun wie Beverly Hills mit Bad Oldesloe: durchaus auch Leute aus dem sozialen Mittelbau,

– die ihr Geld noch redlich verdienen und den Dax wahrscheinlich für ein Nachttier halten, ähnlich dem Fux...

Atmo: flirtfrei und kommunikativ, eher Kumpel- als Kuppel-Atmo.

Bravouröse Cocktails zu Preisen, die auch Schwachfiguren im Schachspiel der Ökonomie sich leisten können!

Gutes Essen mit allen Finessen, – auch 2-3 kreolische Sachen. Preisband: 20-30 DM.

KING CREOLE

Moltkestraße 74, um die Ecke von der Kirche am Brüsseler Platz; Fon 589 38 86

Geöffnet: tgl. 18-1 Uhr (Fr./Sa. bis Open End)

KVB: Moltkestraße

83

Königswasser

W er das Lokal nicht kennt, hat die Welt verpennt:

stadtbekannte Nachtadresse, – immer gut nach 1 Uhr, wenn andernorts die Sperrstunde in die Party grätscht!

Kommt als Kellerlokal, – ein DJ sorgt mit elektronischer Tanzmusik für die große Ohrensause!

In punkto Drinks das übliche Basissortiment: Bier und Longdrinks; keine Cocktails!

In punkto Publikum zwei Welten:

während der Woche eine verschworene, verworrene Gemeinschaft aus Bonvivants und Bohemiens, Nachteulen und Schnapsdrosseln,

– am Wochenende vorwiegend strizzige Stenze, die eher Talmi-Glanz und Semi-Eleganz verbreiten!*

---

* Armani-Manni und seine Gucci-Tussi wissen natürlich, dass der Romeo früher 'mal der Lover der Julia war – jetzt ist er aber mit der Alfa zusammen!

KÖNIGSWASSER

Brabanter Straße 9,
Ecke Aachener Straße;
Fon 258 31 31

Geöffnet: tgl. 21 Uhr - Open End

KVB: Rudolfplatz

I konengleiche DJ-Kneipe seit anno 1988 – oftgelobt und vielvergötzt:

klaustrophobisch klein, immer Gedränge und gestauchte Enge,

– dazu laute Musik von Rock bis Reggae bis Elektro, während eine Lavalampe psychodeliriernde Farbvisionen an die Wände wirft...

Im Publikum viele Studenten, – eher aus der Klasse der Bessergekleideten mit dem aufgeregten Ich-bin-trendy-Glitzern in den Augen:

zeitgemäß lässig, elastisch und lachfroh... (Und der Flirt-faktor ist so eminent und omnipräsent wie er nur sein kann, wenn solche Frauenschwärme und Schwärme von Frauen eng zusammengepfercht sind!)

Drinks: Kölsch und Flaschenbier.

M 20

Maastrichter Straße 20;
Fon 51 96 66

Geöffnet: tgl. 21 Uhr - Open End

KVB: Friesenplatz oder Rudolfplatz

M 20

Angesagte Cocktailbar! Parcour für feierfreudige Sprösslinge aus bestem Hause,

– immer von der Angst gedrillt, dass die Klamotten schon auf dem Weg vom Style Lab nach Hause aus der Mode geraden könnten:

"Denn wir sind Trendsetter statt nur Mitläufer, Kickboardfahrer statt nur Trittbrettfahrer..."

Es herrscht ein gepferchtes Gewusel und Gewese unheilbar schöner Menschen (...wir jedenfalls fühlten uns erotisiert und glücklich wie eine Schwuchtel im U-Boot).

Sound: ein Live-DJ sorgt für Hyper-Hype mit Reggae und Latin.

Manko: Cocktails – qualitativ nicht das ganz große Ding – zu Preisen, dass die Kreditkarte kracht!

Spirits

SPIRITS

Engelbertstraße 63,
Nähe Rudolfplatz;
Fon 473 36 25

Geöffnet: Mo. bis Sa. 19 Uhr -
Open End, So. Ruhetag.

KVB: Rudolfplatz

Stardust

L ate-Night-Lokal (Table-Dance, wo – dem Triebe zuliebe – alle Hüllen und Hemmungen fallen...).

Hier verkehren späte Jungs und Mädels – um die vierzig und in der Nachblüte ihrer Pubertät:

Halbweltprominenz und Versicherungsagenturleute, insigniert mit dem Rolex-Imitat vom letzten Incentive,

– während der Woche aber durchaus auch seriöse Messebesucher samt Sekretärin, die ihre Beine ebenso gewissenhaft überschlägt wie er den Geschäftsplan!

Puffiges Interieur: überall roter Plüsch, Tüll und Tarlatan. – Die Preise sind nicht zu knapp!

Das Stardust ist der Nachfolger des Tingel-Tangel, eine große Kölner Adresse, das sich immer schon mit viel Antistimmung herumschlagen musste:

Hier verkehren späte Jungs...

war früher ein Bordell, und so ganz verpufft ist – was gerade wir als literarische Kulturinstanz zum Stöhnen finden! – das rotlichternde Odeur noch immer nicht!

Stardust

Maastrichter Straße 6-8, Nähe Ring; Fon 25 26 01

Geöffnet: Di. bis Fr. 23 Uhr - Open End, Sa./So. 22 Uhr - Open End, Mo. geschlossen

Türsteher: liberal

KVB: Friesenplatz/ Rudolfplatz

87

Hansaring

Krefelder Str.

Mediapark
Köln

Maybachstr.

Hansa-Ring

Ritterstr.

Hamu

Gereonsweg

Ritte

Erftstr.

Cordula

Kyotostr.

Victoria

Christophstr./
Mediapark

Gereonswall

Probsteig.

Klingelpütz

Kard.-Frings-Str.

Christophstr.

Gereonstr.

Unter Sa

1 UKB
2 Durst
3 EleKtra
4 Havana
5 Lapidarium
6 Maybach
7 Osman
8 Parkcafé
9 Daneben Filmschänke

Nordstadt

**Geografisch zerfranseltes Viertel, das
in letzter Zeit sehr boomt (jede
Menge Baustellen, viele Büros).**

**• Im Mediapark sitzen 1Live
und Viva. Tagsüber Büroleute,
– nachts aber tote Hose.**

**• Abends konzentriert sich
das Gastro-Geschehen rund
um die Eigelsteintor-
Burg. Keine konkrete
Szene – für jeden was
dabei!**

Melchiorstr.

sar straße

Sudermanstr.

Schillingstr.

Neusser Str.

Balth

Ebert-

Ebertplatz

Platz Str

Greesb. Str

ker Str. **Eigelstein**

Eigelsteinstr.

Domstr.

Domstr.

The

Theo

Thür

Thür

Dagobertstr.

Unter

Krahnenbäumen

An d. Linde

Turiner Str.

Machabäerstr.

Jakordenstr.

Johannisstr.

sulapl.

sulastr.

**Breslauer
Platz**

Maximinens.

Marzellenstr.

en

öd.-Str.

Köln Hbf.

Daneben Filmschänke

Kölns schrägste Deko, – überall Bizarrerien und Skurrilitäten:

operettenhaftes Mobiliar, Sperrmülllampen, mokante Schreifarben etc. (Wird regelmäßig umdekoriert!)

Kryptisch gewrummelter Publikums-Mix: feinnervige Cineasten und Mainstreamfilmmuffel...

...ebenso wie taffe Street-Intelektuelle, die gegen alle Striche denken...

...diskutieren passioniert und laut, wobei die Gespräche durchaus ins Philosophische lappen!

Drinks: Bier! Essen: nein!

Die Filmpalette ist – zusammen mit dem Filmhaus – Kölns bestes Programmkino:

keine „Äktschn-Muuwies" fürs Multiplex-Volk, – vielmehr erblickt hier hohe Kinokunst das Licht der Leinwand!

(Gibt's – wie unser Recherche-Team präzise mitteilt – „seit ewig und drei Tagen"...)

DANEBEN FILMSCHENKE

Lübecker Straße 15,
neben der Filmpalette;
Fon 12 22 19

Geöffnet: tgl. 19 Uhr - Open End

KVB: Hansaring oder Ebertplatz

K ommt als scheeler, schräger Schuppen: authentisch autonom, trotzig rotzig, kompromisslos kompromittierend.

Denn hier drinnen ist schon ein gebügeltes Hemd Ausdruck reaktionärer Zugeknöpftheit:

„Wir pfeifen aufs Geld – wenn auch aus dem letzten Loch!"

Sound: gitarrengetriebener Rock! – Die Einrichtung wird genutzt, nicht geschont:

Theke, Stehtische und Flipper verranzt und so knittrig wie das Gesicht von Keith Richards.

Bier und spirituoser Sprit zu Abschusspreisen (kleines Kölsch 2 DM).

DURST

Weidengasse 87; Fon 13 63 66

Geöffnet: So. bis Fr. 20 Uhr - Open End, Sa. 15 Uhr - Open End

Küche: kein Essen

KVB: Hansaring oder Ebertplatz

Durst

EleKtra

B ezüglich Interieur auf den Fünfziger-Jahre-Stil* hingetrimmt,

– bezüglich Sound aber moderne Sachen von House bis Dub.

Bezüglich Publikum aber keine aufgemotzten Mods, – sondern Normalos, so nett banal wie das Leben...

Wertvolle Biere! (Alkoholmissbrauch ist hier drin, wenn man etwas verschüttet!)

• Sa. und So. Frühstücksbuffet – wo selbst wir es für Wert befinden, sich auf die Niederungen der Selbstbedienung herabzulassen.

---

* Überall Nierentische und Kitsch der wirtschaftswunderbaren Tollejahre – damals unvermeidbar wie Petting unterm Petticoat auf dem Rücksitz eines VW-Käfers...

ELEKTRA

Gereonswall 12-14;
Fon 912 38 32

Geöffnet: tgl. 16-1 Uhr,
So. 12-1 Uhr

Eintritt: bei Konzerten ca. 5 DM

KVB: Hansaring

Havana

In Szenekreisen wird viel gegen das Lokal polemisiert, was aber einer Korrektur bedarf!

Zugegeben: Publikum mit intellektueller Bodenhaftung und am Wochenende markiert hier manch Land-Lackl den Latin-Lover,

– wir sahen aber auch resche, fesche Mädels, die draußen im Lande jederzeit das Zeug hätten zur Heide- oder Weinkönigin, wenn nicht gar zur Schneekönigin...

Akustik: sonnengeküsste Urlaubssongs und schmissiger La-La-Latino-Sound! – Drinks: ordentliche Cocktails.

Das Essen freilich hier im Havana ist ebensowenig kubanisch wie Fidel Castro fidel ist (Klartext: Texmex!).

HAVANA Ost-West-Lokal

Neusser Straße 17, Nähe Ebertplatz; Fon 73 77 69

Geöffnet: tgl. 16-1 Uhr (Fr./Sa. bis Open End)

Happy Hour: tgl. 18-19 Uhr und 23.30-0.30 Uhr

Küche: bis 23.45 Uhr

KVB: Ebertplatz

Weil mit dem Havana der große Gastro-Wurf gelang, eröffnete man eine Doublette auf dem Ring (Barbarossaplatz):

heißt ebenso „Havana" – legasthenisch korrekt mit nur einem „n" – und hat sich auf dieselbe Zielgruppe eingeschossen!

Maybach

Nobel-Location für Schöne, Reiche und Medienszene (strategische Lage neben dem Mediapark!),

– kurz: Narzissten, die sich zu inszenieren wissen – Schönheit ist ja kein Produkt des Zufalls! – Die Location...

...besteht aus Café und Bar-Restaurant.

...besticht durch Edelholz und große Panoramafenster, wo Designmöbel den Raum bespielen.

...berauscht durch Cocktails der Prädikatsklasse, hingemixt mit Kenntnis und Expertise.

...bedriedigt auch den anspruchsvollen Gourmetternich mit Gourmetzchen à la Kalbsteak mit Scampis und Safranschaum.

Pluspunkt ist der Biergarten, – der nicht zuletzt auch durch seinen atmoberaubenden Ausblick auf die Dauerbaustelle Mediapark überzeugt...

MAYBACH

Maybachstraße 111, Im Mediapark (im Kölner Filmhaus); Fon 912 35 99

Geöffnet: tgl. 10-1 Uhr

Küche: bis 23 Uhr, Frühstück Sa./So. 10-15 Uhr

KVB: Christophstraße/Mediapark

Café-Bar im Mediapark!

Sammelsurium aus Medien-
arbeitern, – vom wichtigen
Nachrichten-Sprecher bis zum
wichtelgen VIVA-Großspre-
cher!

(...Gerade unsere Idiole vom
intelligiblen Mucke-Kanal
schaffen es immer wieder, kraft
Berufsaura ein Schneeflittchen
wachzuküssen...)

Origineller ist das Einrich-
tungskunstwerk des Designers
Marc Newson:

ein Siebziger-Jahre-Traum in
Popel-Grün und Holland-
Oranje, – aufgeteilt in Brasserie
und Resto, mit zwei Theken
und dicken Sofas.

Die Küche: bedient Früh-
stückler und Mittagstischler,
– sehr gute Abendkarte bis
30 DM.

OSMAN

Im Mediapark 7; Fon 574 33 11

Geöffnet: tgl. 9-1 Uhr,
Sa./So. Ruhetag

Küche: tgl. 12-15 Uhr
und 18-22.30 Uhr

KVB: Christophstraße/
Mediapark

Parkcafé

M eeting-Point für Medien-People,

– liegt am Mediapark, gleich neben Viva, – oberhalb sind „1 LIVE" und „Radio Köln":

entschprechend charmant-egomanisches Publikum, gedresst in Schwarz mit obligatorischer Hornbrille. – Couragiert flirtive Atmo!

(Tagsüber aber primär Büroleute und braver, obwohl natürlich auch diese um Lockerheit bemüht sind!)

Mediterranes Essen, – qualitativ ungetoppt sind die Salate! – Drinks: bravouröse Cocktails!

• Do. Caipi-Abend: „pay one, take two" – immer gut für eine Einladung, nachdem man ein Referée ausgeguckt hat.*

PARKCAFÉ

Im Mediapark 5; Fon 454 34 20

Geöffnet: So. bis Do. 11-1 Uhr, Fr. 11 Uhr - Open End, Sa. 17 Uhr - Open End

Küche: tgl.12-23.30 Uhr, Fr. 12-24 Uhr

Straßencafé: bis 1 bzw. 3 Uhr

Happy Hour: tgl. wechselnder Tages-Cocktail

KVB: Christophstraße/Mediapark

---

* Für sich allein hier zwei Caipis zu bestellen, wäre – da enorm wirkstark – eine Investition so überflüssig wie ein Paar Ohrringe für Niki Lauda oder van Gogh...

Kommunikations-
kneipe ohne
Designerschnickschnack:

man sitzt an langen
Tischen und Bänken, wo
allen die Worte nur so aus
dem Mund herausrollen...

...bis, unvermeidlicherweise, so manches Gespräch
mit dem Tischnachbarn in
einen Belaberungszustand
ausartet!

Essen für nur 5-10 Dis-
count-Mark – eher im
Snack-Bereich, denn ein-
fach ist einfach am besten,

– Tipp sind die Fladen-
brote: belegt, gepresst und
getoastet – unser beson-
deres Plazet verdient der
Käschifla, Käse-Schinken-
Fladen!

(Weiterer Tipp: Kölns beste
Hühnersuppe!)

Drinks: Gaffelkölsch für
nur 2.10 DM (...denn
Heimat ist, wo die
Bierpreise stimmen).

Lapidarium

LAPIDARIUM

Eigelstein 118, direkt am Eigelsteintor; Fon 912 95 15

Geöffnet: Mi. bis Fr. 17-1 Uhr, Sa./So. 19-1 Uhr

Happy Hour: Mo. bis Fr. 17-19 Uhr
(0,3l-Budweiser für 3,10 statt 3,90 DM)

KVB: Ebertplatz

W ir halten hier den angestaubten Terminus technicus „Wohlfühllokal" durchaus für angemessen:

kollegiale Atmo, alle reden einvernehmlich und Lacher klingen wie Gluckser aus einer glücklichen Seele...

(Breites Publikum – Klartext: jung und alt, dick und doof, Spitzenhirn und Spatzenhirn!)

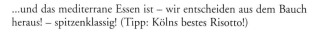

Folgende Expertise zu den gastronomischen Leistungen:

exzellente Cocktails, Weine zu spektakulären Dumpingpreisen...

...und das mediterrane Essen ist – wir entscheiden aus dem Bauch heraus! – spitzenklassig! (Tipp: Kölns bestes Risotto!)

• Mo. „Jazz Session" – wo die Studenten der Musikhochschule ihr Forum finden!

Das UKB ist absolut eine Bereicherung für die doch eher darbende Nordstadt,

– die, wie Zyniker sagen, halb so groß ist wie der New Yorker Zenralfriedhof und doppelt so tot...

UKB

UKB

Turiner Straße 21, zwischen Eigelstein und Nord-Süd-Fahrt; Fon 91 27 26 95

Geöffnet: 12-1 Uhr, So. Ruhetag

Küche: 12-15 Uhr, 18-23 Uhr

KVB: Ebertplatz

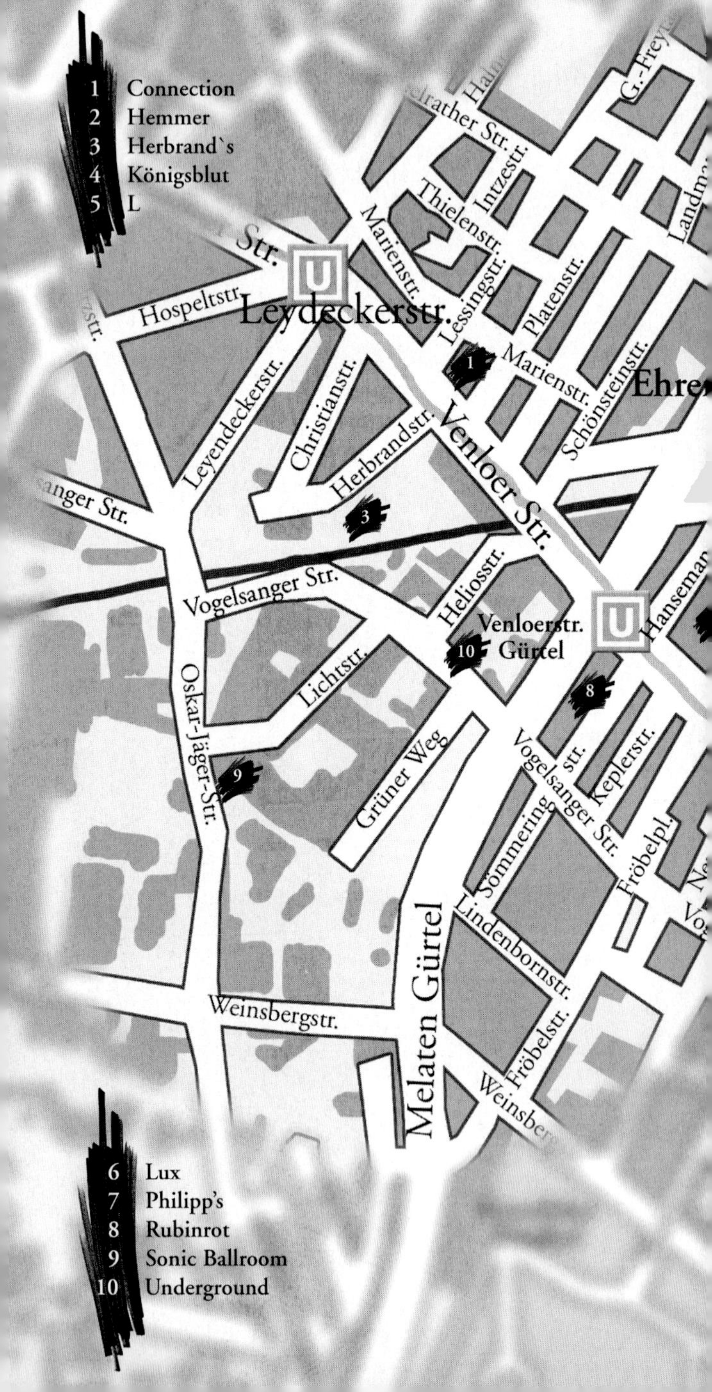

1 Connection
2 Hemmer
3 Herbrand`s
4 Königsblut
5 L

Arather Str.
G.-Frey
Haln
Intzestr.
Thielenstr.
Lessingstr.
Platenstr.
Landm
Marienstr.
Hospeltstr.
Str.
Leydeckerstr. U
Marienstr.
Schönsteinstr.
Ehre
1
Venloer Str.
Leyendeckerstr.
Christianstr.
Herbrandstr.
3
sanger Str.
Vogelsanger Str.
Heliosstr.
Venloerstr. Gürtel U
Hanseman
10
Lichtstr.
8
Oskar-Jäger-Str.
9
Grüner Weg
Sömmeringstr.
Vogelsanger Str.
Keplerstr.
Fröbelpl.
Ne
Vo
Melaten Gürtel
Lindenbornstr.
Weinsbergstr.
Fröbelstr.
Weinsber
Weinsb

6 Lux
7 Philipp's
8 Rubinrot
9 Sonic Ballroom
10 Underground

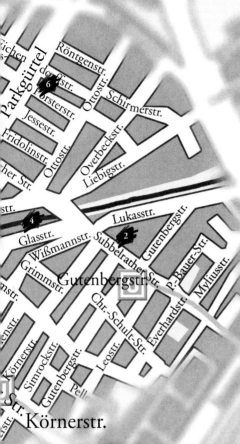

Ehrenfeld

**Alternativ und trashig: Studenten, Gemüsetür-
ken und Künstler. (Ehrenfeld ist ein altes
Arbeiterviertel mit traditioneller Bausubstanz.)**

**Abends ist natürlich mehr los, – ein
paar Cafés haben aber schon tagsüber auf!**

**• Die meisten Läden sind in
der Venloer Straße und
deren Seitenstraßen.**

Connection

D ie abgehärmte Bude hat sich über die Jahre den Ruf einer Krawallo-Kneipe redlich erkämpft:

Wohnzimmer für Parka-Raubeine und Chaopoliten, die mit ihrem Achterbahnleben in Acht und Bann leben,

– weil sie sich dem gesellschaftlichen Leistungsdruck und Leistungsdreck entziehen konnten (Motto: „lieber sich winden als sich schinden!").

Tipp: Kölns beste Schmalzstullen – bierbegleitend (...und nur zwei Mark teurer als geschnorrt)!

Sound: Punkrock und Gitarrenkrach. – Interieur: Sperrmüllmöbel und jede Menge Gilb.

• Tipp ist der anmutige Winzbiergarten!

Das Connection, eröffnet 1983, ist auch mental ein Kind der Achtziger, – jener dunklen Zeit also, als ein Kiss-Anstecker und ein Palästinenser-Tuch die alles entscheidende Glaubensfrage war:

damals gab es hier in der Marienstraße mehrere besetzte Häuser,

– das Connection war damals Lieblingskneipe der Hausbesetzer und Hassobjekt der Hausbesitzer...

CONNECTION

Marienstraße 5, zwischen Platen- und Lessingstraße; Fon 550 55 90

Geöffnet: tgl. 20-1 Uhr

KVB: Venloer Straße/ Ecke Gürtel oder Subbelrather Straße/ Ecke Gürtel

He*mmer*

I deal für's täg- und nächtliche Stell-dich-rein hier in Ehrenfeld.

Die konziliante Kneipe macht den Schnitt durch die Viertelsmenge:

lauter lautere, launige Lauleute und geerdete Biertrinker – man hat eher Mumm in den Knochen als im Glas!

Rustikales Früh- bis Spätessen, – Mobiliar aus theutscher Eiche, Mettwürstchen baumeln von der Theke.*

---

* Das Hemmer geht jederzeit als Proto- und Prolotyp einer deutschen Bierschenke durch.

(Bei so viel "German Gemuetlichkeit" würde sich ein japanischer Tourist an die Theke ketten und die herunterhängenden Mettwürstchen – Ikonen gleich – auf Fuji-Film verewigen.

HEMMER

Subbelrather Straße 154;
Fon 52 19 99

Geöffnet: tgl. 11-1 Uhr
(Fr./Sa. bis 3 Uhr)

Happy Hour: Mo. bis Do. 23-24 Uhr,
Fr./Sa. 24-1 Uhr

Küche: tgl. 12-14.30 Uhr und 18-22.30 Uhr
(Fr./Sa. bis 23 Uhr),
Frühstück tgl. bis 15 Uhr

KVB: Subbelrather Straße/
Liebigstraße

K ölns größter Biergarten (...plus eine Kneipe und Disco):

kommt mit seinen über 1.500 Plätzen wie ein Freizeitpark für Biertrinker, wo Massenmenschenmassen sich ergiebig den Sommersonnenwonnen ergeben...

Das Essen ist gut, besser: Paulaner (vom Fass!).

Herbrand's

• In der Kneipe, wo ebenfalls nette, harmlose Leute aus Normalohausen hocken, geht's nach 1 Uhr weiter. (Auch im Winter viel los!)

• In der Disco läuft abgemeldete Radiomusik (freitags aber gut mit DJ Daniel!): alles eng auf eng und saunamäßig bis saumäßig heiß.

Tipp ist der Sonntags-Brunch!

HERBRAND'S

Herbrandstraße 21;
Fon 954 16 26

Geöffnet: tgl. 12 Uhr - Open End,
Sa./So. 10 Uhr - Open End,
Disco ab 22 Uhr

Biergarten: bis 1 Uhr

Küche: bis 24 Uhr

KVB: Venloer Straße/Gürtel

Königsblut

D ie einzige Cocktailbar hier in Ehrenfeld. Das kuriose Interieur...

...schaut aus wie eine von Opa geerbte Eckkneipe, die mit Rotanstrich und viel Rotlicht von den Enkeln zurechtgerückt wurde:

Man tuschelt und kuschelt auf den Bänken, dass sich die Holzbalken biegen. Die Sessel im Hinterraum runden das Freudenhausambiente ab.

Cocktail-Karte: besticht zwar nicht mit byzantinischer Länge,

– dafür werden die knapp 20 Mixgetränke mit viel Alkohol und Alchimie gerührschüttelt.

Breites Publikum: weniger Schickimickis, – eher Nettimeckis, Studenten und Szenesurfer.

KÖNIGSBLUT

Glasstraße 51;
Fon 571 69 99

Geöffnet: tgl. 20 Uhr - Open End,
Mo. Ruhetag

KVB: Venloer Straße/Gürtel

---

* Das Lokal bildet einen wohltuenden Kontrapunkt zum Gastroeinerlei.

Sonic
Ballroom

U ngeschmirgelte Punk-
kneipe, über die seit Jahren ein guter Schmutzengel
wacht...

...für Jungs aus dem soziologischen Off! – (Motto: „lieber ein
niederer Status als ein biederer,
– lieber am Bettel gehen als
sich zum Büttel des Kapitals zu
machen!")

Interieur: vertäfelte Decke, –
aus den Boxen rotzen Songs,
die mit ungefähr drei Akkorden
zu Rande kommen..

Humaner Kölsch-Preis: nur
2,10 Pappenstiel-Mark.

Jeden Tag ein anderes vegetari-
sches Gericht: nur 5-10 DM
(qualitativ eher schütter!).

• Di. – „Tuesday Night Terror",
wo heftiger Raw Punk schall-
dämpferlos durch den Laden
rast.

In direkter Nachbarschaft liegen zwei
weitere Musik-Schuppen:

das Underground und die Live Music
Hall. – Alle drei machen die Ecke hier
in der Industriebrache zum Reservat
für Gitarrenmusik!

SONIC BALLROOM

Oskar-Jäger-Straße 190;
Fon 546 44 45

Geöffnet: tgl. 20 Uhr - Open End

Happy Hour: Sa. 20-22 Uhr

KVB: Oskar-Jäger-Straße

Lux

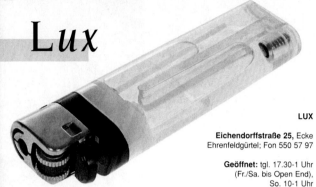

LUX

Eichendorffstraße 25, Ecke
Ehrenfeldgürtel; Fon 550 57 97

Geöffnet: tgl. 17.30-1 Uhr
(Fr./Sa. bis Open End),
So. 10-1 Uhr

Küche: bis 23 Uhr, So. 10-15 Uhr

KVB: Nussbaumstraße

E ins jener Lokale, in die man am liebsten einziehen würde, weil es hier so schön ist...

...und weil man noch beisammensitzt und schwatzt, nicht nur schwätzt:

junge, eher verhaltensunauffällige Leute aus dem Viertel, die noch weitgehend immun sind gegen zeitgemäßen Größenwahn und Eitelkeit...

Dennoch oder gerade deshalb: hoher Flirtfaktor!

(Und ein Ort, wo man noch einen Partner findet, mit dem man auch noch redlich reden kann, – und nicht nur einen Notnagel zum Notnageln!)

Essen: Burger in allen Variationen.

Philipp's

U nverzichtbar für die
gastronomische Struktur hier in Ehrenfeld:

proper prosperierendes Café-Restaurant für Unprätentiöslinge aus dem Viertel, deren Rebellion sich darin erschöpft, Bier direkt aus der Flasche zu trinken...

Einfach, jedoch stilvoll eingerichtet mit hingefliestem Boden, – Tipp ist der kleine Innenhof zum Draußensitzen.

Küche: Fischgerichte bis Pizza – qualitativ nicht überdurchschnittlich super, aber o.k. Der Service ist gut, – uns jedenfalls wurde das Essen etwas freundlicher zugeworfen als sonst üblich).

Tipp: gute Cocktails.

PHILIPP'S

Philippstraße 1; Fon 51 53 33

Geöffnet: 10-1 Uhr (Sommer), 16-1 Uhr (Winter)

Happy Hour: tgl. 17-19 Uhr und 23-24 Uhr

Küche: 12-15 und 17-24 Uhr, Frühstück bis 15 Uhr

KVB: Venloer Straße/Gürtel

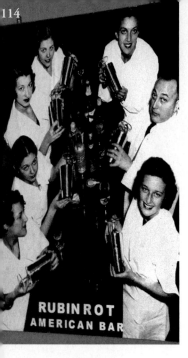

Rubinrot

Cocktailbar mit dezent verrutschtem Appeal! – Folgendes Konzept: eine piefige Stadtteilkneipe wurde nachgerüstet...

...mit einer funkelnden Bar, – das Ganze dann überduscht mit rotem Licht und kühlem Lounge-Jazz!

Das Publikum bewegt sich an der Schnittstelle zwischen Underground und Overground:

Clubleute, Spaßbürger und Patchworker...

...bis hin zu Künstlern und „Künstlern" – egal ob deren Talent nun auf soliden Beinen steht oder nur auf Gänsefüßchen!

Drinks: die Cocktails sind lehrbuchmäßig klassisch gemixt (ca. 130 verschiedene!) und billig (ca. 10 Preisbrecher-Mark!).

Tipp: im Keller ist eine Kegelbahn, die man für 10 DM pro Stunde mieten kann!

(Das Kegeln – als des deutschen Michel liebster Unsport – empfehlen wir aber eher zögerlich, da sich gerade bei unseren Lesern herumgesprochen haben sollte, dass die Langzeit-Belastung durch diesen Extremsport zu Bierbäuchen und eng anliegenden, quer gestreiften T-Shirts führt...)

RUBINROT

Sömmeringstraße 9, am Ehrenfeldgürtel; Fon 990 16 98

Geöffnet: 20-1 Uhr, Fr./Sa. bis Open End

KVB: Venloer Straße/Gürtel

Musikschuppen im Trashformat:

legt sich – konzeptionell korrekt – mit charakterlosem Chartgedudel an...

(Wechselnde Plattenreiter experimentieren zwischen HipHop, Jazz und Rock...

...und zaubern Zoff und Zunder in den Laden)*

Vorwiegend Studenten und juveniles, pickelpusteliges Publikum, das mit sich und der Welt im Unreinen ist! – Taschengeldfreundliche Preise.

Interieur: kabuffig klein und dunkel beleuchtet. Bemalte Bögen. Im hinteren Bereich ein Billardtisch.

---

* Tipp sind insbesondere die extravaganten Mottoparties à la jamaikanische Musik aus den Sechzigern oder einen Abend lang indische Filmmusik...

L

**Hüttenstraße 24;
Fon 55 53 75**

Geöffnet: tgl. 20 Uhr - Open End

KVB: Venloer Straße/Gürtel

Coca-Cola

snack-bar

Underground

K ommt wie ein Jugendclub mit reichlich Alkoholausschank:

viel alternatives Jungvolk, das mit beiden Sandalen fest im Leben steht, – aber auch alte, naive Stammgäste mit „I had better days"-Lächeln...

Das Underground besteht aus mehreren Segmenten:

• in der Kneipe hängen verhuschte, verhaschte Typen, um ein canabisschen zu relaxen. – Im Nebenzimmer flippern Daddelautomaten.

• der Biergarten im Innenhof, wenn einem nicht gerade wieder wolkenrissiges Scheißwetter die Laune verknirscht.

• Im Club läuft Punk, Indie und HipHop, – zweimal pro Woche live!*

Die Live-Konzerte im Underground hatten bis Mitte der neunziger Jahre Kultstatus:

während damals die Stars von morgen die Bühne vollschwitzten, – erinnern heute nur noch trockene Nachwuchs-Bands an gute Musik...

UNDERGROUND

Vogelsanger Straße 200;
Fon 54 39 66

Geöffnet: 18 Uhr - Open End,
im Sommer ab 12 Uhr

Eintritt: nur bei Konzerten

KVB: Venloer Straße Gürtel/
Vogelsangerstraße

117

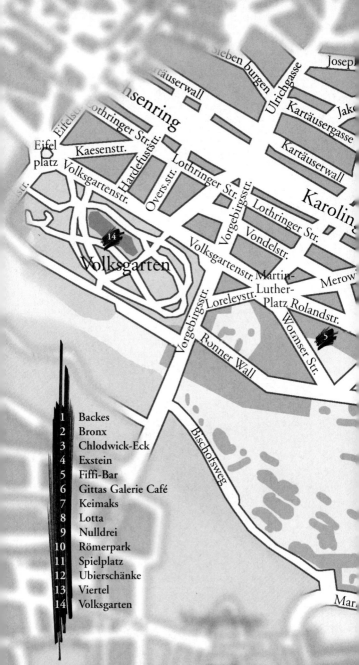

Südstadt

Hatte seine Glanzzeit in den 1980er Jahren und zehrt noch vom Ruf von damals! – Zwar haben viele Läden dicht gemacht oder sind abgestürzt; es gibt aber noch ein paar prosperierende Klassiker!

• Das Geschehen konzentriert sich um den Chlodwigplatz, einem tosenden Verkehrsknoten.

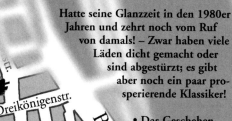

D er Kneipenklassiker – eine Legende ohne Ende – macht von sich reden als Trauertreff der Fortuna-Köln-Anhängerschaft:

Das Publikum mag bodenständig sein, ist aber nicht ständig am Boden (...jedenfalls so lange man nicht die Fortuna erwähnt!). Das Herz schlägt am rechten Fleck (...und rutscht zu später Stunde, wenn der Flirtfaktor steigt, auch mal in die Hose).

Tipp: Kölns beste Frikadellen – „schmecken wie gewachsen", wurde uns versichert.*

Die Aufmachung ist urdeutsch – überall stolz gealtertes Holz, schwarzbraun wie die Haselnuss...

---

* Unser Recherche-Team wurde Zeuge folgender Unterhaltung:

Gast: „Kann ich noch etwas Brot zu meiner Frikadelle bekommen?". – Kellner: „Wieso, ist doch schon jede Menge drin!".

BACKES

Darmstädter Straße 6;
Fon 31 11 67

Geöffnet: Mo. bis Fr. 17 Uhr - Open End
Sa./So. 20 Uhr - Open End

KVB: Chlodwigplatz

Rockkneipe für Leute, die den modernen Sound von Hip-Hop bis Trip-Hop für Krims-Krams halten:

aus den Boxen donnern Gitarrengewitter und rasende Riffs,

– von Black Sabbath bis Guns 'n' Roses, – Blumenkinderlieder aus den Sixties, – irischer Blues etc.

Publikum: nicht nur verwitterte Rockrabauken, – sondern durchaus auch Langhaarleute diesseits der dreißig.

Deko: rustikales Holzmobiliar klebt am Vergangenen. – Drinks: Bier.

Legendär sind die Biker-Parties im Bronx, wo hemmungslos den ewigtradierten Männer-Werten gehuldigt wird (Freundschaft, Freiheit, Viertakter).

Bronx

BRONX

Zwirnerstraße 29; Fon 310 03 27

Geöffnet: Mo., Mi. bis Sa. 19-1 Uhr, So. 20-1 Uhr, Di. Ruhetag

Happy Hour: Mo. 19-21 Uhr (Kölsch 1,50 DM)

Eintritt: bei Konzerten

KVB: Chlodwigplatz

123

Eine von Kölns bekanntesten Kneipen, die ihre Gloriole zu Recht trägt:

hatte hier doch vor zwanzig Jahren Wolfgang Niedecken von BAP seine ersten Auftritte! – Heute, zwei Kneipengenerationen später, zwar keine Musikkneipe mehr...

...aber noch immer Schaltstelle für Tratsch, Klatsch und Klüngeleien der maßgeblichen Leute hier im Viertel:

neben Normalos und chronischen Sympathen unvermeidlicherweise auch selbsterkannte Fachmänner für Alles, nach denen man irgendwann einmal, posthum, ein Einbahngässchen benennen wird...

Die Einrichtung zog der Zeit den Zahn (Klartext: noch immer die alte!).

In Sachen Küche präsentiert man sich deftig und ohne Trara. – Tipp ist der Meeresfrüchtesalat (20 DM).

Chlodwick-Eck

CHLODWICK-ECK

Annostraße 1-3;
Fon 32 75 95

Geöffnet: tgl. 17.30 Uhr - Open En

Küche: bis 23 Uhr

KVB: Chlodwigplatz

Exstein

D ie Keller-Karibikbar ist – (wenn auch für manchen einen Tick zu schick) – recht kunstvoll installiert...

...mit Palmen, dezenten Holztönen und einer kleinen Tanzfläche. – Gute Rum-Cocktails!

Puplikum: Armani-Männer und Kaschmirziegen, mit viel Make-up schöngefärbt, in hartnäckiger Gutelaunestimmung...

• 1. und 3. Mi. im Monat „Latin Music" – Livebands und Party mit Eventcharakter und hastdunichtgesehn eminentem Flirtfaktor!

• Do. und Sa. „Salsa" und etwas profaneres Publikum (Klartext: biedere Verwaltungsangestellte, die in ihrem Sexy-Kleid fast so deplaziert wirken wie Steffi Graf in der Rexona-Werbung. – Tanzkurs!)

Im Parterre, über der Bar, befindet sich ein indonesisches Resto: qualitativ o.k. und gut als Warm-up.

EXSTEIN Music Club

Ubierring 24; Fon 310 16 14

Geöffnet: Mi., Do., So. 20 Uhr - Open End, Do./Fr. 22 Uhr - Open End, Mo./Di. Ruhetag

KVB: Ubierring

FIFFI-BAR

Rolandstraße 99;
Fon 340 62 11

Geöffnet: tgl. 21 Uhr - Open End

KVB: Chlodwigplatz

Fiffi-Bar

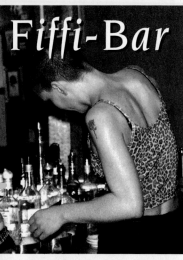

Location mit Hunde-lastigem Interieur – schon viele haben die Cocktail-Bar als Bobtail-Bar apostrophiert...

Entsprechend hündische Deko:

hunderte Hundestatuetten und -bilder zwischen rotem Plüsch und grünen Wänden (Highlight: ein Wurf Wackeldackel als Leuchten).

Die Cocktails sind „nach Hunden" benannt (...bzw. „post canem", wie die Lateiner sagen) – Beispiel: „Collie" mit Gin, Cointreau und Sekt.

Publikum: eher gesellige Rudeltiere,

– wir sahen blondgelockte Schoßhündchen, ihr Schoßhändchen fest auf dem Knie des Freunde (...denn man ist dem besinnlichen Beschnuppern oder gar Decken nicht abgeneigt).

Gittas
Galerie Café

Das Markt-Café auf dem Großmarkt:

früh um 4 Uhr trifft sich hier der Inner Circle der Szene zum Frühstück! Zierliche, manierliche Discomiezen sitzen neben feisten, dreisten Marktweibern...*

Frühstücks aus aller Herren Länder – türkisch bis spanisch (...und eine Abwechslung für diejenigen Leser, die sich bislang zum Frühstück immer nur ein Schnitzel aufs Nutella geschmiert haben).

Tipp: Kölns beste Rühreier mit Schinken!

---

* Für den kritischen männlichen Forscher-Blick ist dies auch ein Teleskop in die vierte Dimension der Zeit: so oder so ähnlich wird die Disco-Queen in 20 Jahren aussehen...

GITTAS GALERIE CAFÉ

Marktstraße, im Großmarkt; Fon 38 51 11

Geöffnet: Mo. bis Fr. 4-14.30 Uhr, Sa. 4-12 Uhr, So. Ruhetag

Küche: Fühstück ab 4 Uhr, Lunch Mo. bis Fr. 11.30-14.30 Uhr

KVB: Brenner Straße/Raderbergürtel

Keimaks

Kölns französischstes Bistro,

– kommt so gallisch daher wie le General de Gaulle oder der Eiffelturm: Marmortischchen, ornamentierte Lampen und Fensterfront raus zur Rue des kurfürsten...

Fungiert als Assemblée für Lehrer, Kulturbürger und andere Vertreter der studierten Stände, – die hier parlieren und sich gütlich tun an einem Gläschen Wein aus Fronkraisch...

(Klartext: hier begegnet man der Klasse der Besserverstehenden, – nicht nur der der Besserverdienenden!)

Tipp: le café ist fantastique, – die Küche allerdings ist simpel mit nur marginalem französischem Accent!

KEIMAKS

Kurfürstenstraße 27,
um die Ecke vom
Chlodwigplatz;
Fon 31 26 70

Geöffnet: tgl. 10-1 Uhr

Küche: 12-24 Uhr,
Frühstück bis 16 Uhr

KVB: Chlodwigplatz

S o bekifft kann man gar nicht sein, um zu übersehen, dass diese Punkkneipe zu den Gastroperlen gehört!

Wird kollektiv von einer Cooperative geführt,

– angetrashte Jungs, die den Laden wie ihr Leben nach den neuesten Erkenntnissen der Chaostheorie anpacken...

Das Publikum ist eine lebenswütige Mischung aus Punks, Revoluzzern, Frondeuren und anderen Vertretern des real existierenden Antikapitalismus:

LOTTA
Kartäuserwall 12
Geöffnet: tgl. 19.30-1 Uhr
KVB: Chlodwigplatz

„Wenn alle täten, was sie uns können, kämen wir überhaupt nicht mehr zum Sitzen!"

(Das Interieur ist – dominierende Farben: rot und silber – gegen den Strich gebürstet, aber verblüffend frei von Schmodder und Schmuddel!)

• Regelmäßig Punkrock-Konzerte bis hin zu proklamativen politischen Events.

Null 3

Kölns beste DJ-Lounge, – jednächtlich wechselnder Sound von Elektro bis Britpop.

Publikum: Kidsköpfe zwischen 18 und 25 (...jung, aber dermaßen auf Draht, als hätten sie die Weisheit mit dem Rotzlöffel gefressen),

– plus ein paar Left-overs um die dreißig (...aus jenen alten Tagen, als es noch kein SMS gegeben hat und man in der Schule sich den Spickzettel noch stilgerecht auf den Unterarm getackert hat).

Folgende gastronomische Features:

erstklassige Caipirinhas für nur 9 Dumping-Mark, – Altbier aus dem feindlichen Düsseldorf, – Absinth*.

---

* Absinth war bis zum ersten Weltkrieg absolute Modedroge in Intellektuellen-Kreisen:

enthielt damals Thujon, ein Neurotoxin mit halluzinogener Wirkung, und wurde verboten. (Die Re-Legalisierung erfolgte erst vor ein paar Jahren, wobei der Thujon-Gehalt sehr stark reduziert ist!)

Null 3

Karl-Korn-Straße 18; Fon 932 94 56

Geöffnet: tgl. 19 Uhr - Open End

KVB: Chlodwigplatz

T reff für tagsüber, wo die Gespräche selbst in der heutigen Zeit noch ein paar Funken Substanz enthalten:

Jungintellektuelle und Salonsophisten, – durchaus noch von dieser Welt...

...und alles andere als klischeehaft grübellaunige Wurzelrebellen (...sondern Schöngeister, die bisweilen sogar schön sind, nicht nur geistig!)!*

Das Interieur plustert sich mit Understatement: schnörkellos-lakonisch, – neuschneeweiße Wände, Parkettboden, Fensterwand.

Tipp: Kölns italienischster Caffé – eine Erholung vom allgegenwärtigen fucking Muckefuck!

Dazu: exzellenter Kuchen – hausgebacken, nicht vom Konditor oder Waffelhändler! Ein summa cum laude verdient die Waldbeerentorte für 5 DM.

---

* Doch trotz Frauenüberschuss gewahrten wir keinerlei Flirtaktivitäten – hier im Römerpark scheinen Geschlechtsmerkmale primär sekundär zu sein!

Römerpark

RÖMERPARK

Teutoburger Straße 42, am Römerpark; Fon 38 61 94

Geöffnet: Mo. bis Sa. 9-24 Uhr, So. 9.30-20 Uhr

KVB: Chlodwigplatz

32

Spiel*platz*

N icht-christlicher Ort im klerikalen Gewand – immer gut als Zwischenstopp bei einen Kreuzzug durch die Südstadt-Gemeinde:

überall an Wänden und Emporen hängen Kruzifixe, Marientinnef und sakrale Sächelchen.*

Hingegen das Publikum ist nicht ganz so keusch und koscher:

mehr Hossa als Hosianna, – mehr Zoftie-mäßig als Softie-mäßig... Gepriesen seien die frisch gezapften Gaben des Gerstengottes!

Küche mit Phantasie und Bodenhaftung (um 15 DM) – zergeht auf der Zunge wie eine Hostie!

---

* Lutz Birkner, unser Autor, rieb sich erst einmal verwundert die Augen;

sah er doch solch fromme Bilder und Statuetten der Muttergottes bislang nur in den Händen der Großmutterbirkners. *(Anm. d. Setzers)*

SPIELPLATZ

Ubierring 58; Fon 31 47 50

Geöffnet: Mo. bis Fr. 11 Uhr - Open End, Sa. ab 18 Uhr, So. 16-1 Uhr

Küche: Mo. bis Fr. 12-15 Uhr und18-23 Uhr, Sa./So. nur18-22.30

KVB: Ubierring

Ubierschänke

Privatesker Tag- und Nacht-Treffpunkt hier in der Südstadt:

efeuumrankte Fassade, – dahinter ein Normallokal...

...wie man es überall findet in Deutschland zwischen Frankfurt am Main oder, maroder, an der Oder...

...und wo Leute von nebenan sich kabbeln, babbeln und sabbeln.

Stammgäste besuchen den Laden mit tagtagtägtäglicher Frequenz:

tagsüber eher für stundenlahmes Abhocken, – nächtens wird dann auch geschraubt, gegraben und gebaggert.

UBIERSCHÄNKE

Ubierring 19;
Fon 32 13 82

Geöffnet: tgl. 11-1 Uhr

Küche: kein Essen

KVB: Ubierring

Viertel

Weinlokal VIERTEL

Darmstädter Straße 9; Fon 32 91 92

Geöffnet: Mo. bis Sa. 17-1 Uhr,
Sa./So. 20-1 Uhr

KVB: Chlodwigplatz

W einlokal – für edle Tropfen, die der Connaisseur, zunächst jedenfalls, mit der Nase trinkt:

nicht nur rhein deutsche Rebensäfte, sondern auch Importweine aus España und France.

Essen: distinguierte Delikatess-Esshäppchen von Olive bis Quiche.

Publikum: hier verbringt die Generation 30-plus ihre alten Tage (...im Detail: Lehrer, Vernissage-Visagen und akkreditierte Akademiker).

Man führt erbauliche, beschauliche Gespräääche: „Tschuldigung – hat Goethe oder Mozart die Zauberflöte geschnitzt?"

Einrichtung vom Baum: überviel Holz, mit dezent dämmerlichen Lampen illuminiert.

___

Dass die hier versammelten Gäste den Abend etwas ruhiger angehen lassen, ist – auch nach unserer Meinung – deren Alter nur angemessen!

(Es soll ja schließlich schon Leute gegeben, die mit 33 nur noch Wasser in Wein verwandelt haben statt umgekehrt!)

Kölns schönster Park-Biergarten...

...mitten im Volksgarten, zwischen Bäumen
und See (ca. 400 Plätze).

Einziger Störfaktor in der sommersatten Idyllenfülle ist das
konstante Dröhnen der Mongo-Bongo-Chliquen, – die
Happy-Hippie-Welle schwappt bis in den hintersten
Winkel des Freiluftlokals.

Kölsch liegt trinkgeldgünstig
bei 4,20 DM.

Essen: essenziell lecker
(Tipp ist der „Salatteller
Volksgarten", mit Thunfisch
für 13,50 Mark).

Volksgarten

VOLKSGARTEN

Volksgartenstraße 27; Fon 38 26 26

Geöffnet: tgl.12-1 Uhr

Küche: bis 23 Uhr

KVB: Eifelplatz

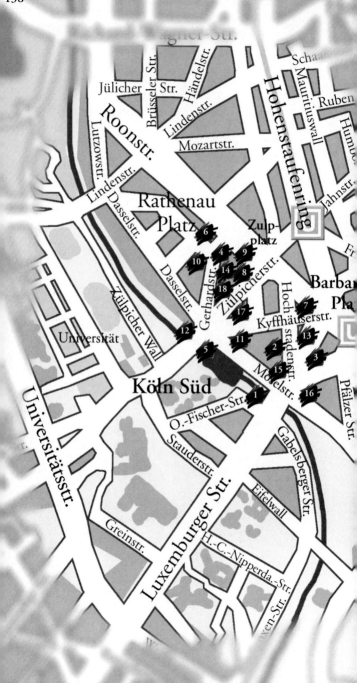

Kwartier
Lateng

Das Studentenviertel, nur fünf Minuten von der Uni
– mit einem Wust an Kneipen, die mit Billigpreisen
werben. Die meisten sind austauschbar!

• Kernpunkt: in der Zülpicher und Kyffhäuser
Straße reiht sich Kneipe an Kneipe, Café an
Café.

• Der Rathenauplatz ist der einzige
Platz im Viertel: mit Biergarten, – die
Läden rund um den Platz sind etwas
chicer und auch teurer.

1	Aceton
2	Before
3	Blue Shell
4	Feynsinn
5	Filmdose
6	Fischermanns
7	Flotte
8	Heimspiel
9	Hellers Brauhaus
10	Jonny Turista
11	Liquid Sky
12	Magnus
13	Pacific Coast
14	Rosebud
15	Schmelztiegel
16	Stereo Wonderland
17	Umbruch
18	Vampire

Die Musikkneipe lebt seit zwei Dezennien das Motto „Wir tanken Sie auf". – Außerdem:

Billardtisch und ein Schwung Flipperautomaten, an denen ältere Jungs die greisen Hüften kreisen lassen.

Im dunkelblauen Licht an der Theke wird das Einarmige reißen trainiert, – wohingegen der Flirtfaktor ähnlich spritzig ist wie ein abgestandenes Kölsch...

... ergo: in Ruhe den Bauch mit Bier und die Ohren mit Elektronic- und Rock-Klängen durchspülen.

• Di. Präsentation von Musikfilmen mit Prädikat Rarität!

BLUE SHELL

**Luxemburger Straße 32,
Ecke Hochstadenstraße;
Fon 23 12 48**

**Geöffnet: tgl. 17 Uhr - Open End,
Sa. ab 15 Uhr**

KVB: Barbarossaplatz

FEYNSINN

Rathenauplatz 7; Fon 240 92 09

Geöffnet: 9-1 Uhr

Küche: 12-16.30 Uhr, 18-24 Uhr,
Frühstück 10-17 Uhr

KVB: Zülpicher Platz

Feynsinn

L ohnt sich zum Rumhocken und Reden, Sitzen und Seiern...

Außerdem: Tipp für Kulinarriker, denen gutes Essen Lebensmittel und Lebensmitte gleichermaßen ist,

– wobei unorginelle Standards mit allerlei Gourmetzchen zum Gaumenorgasmus hochgetunt werden (z.B. „Putenbrust im Sesamhonigmantel an buntem Blattsalat")*.

Interieur: „gemütlich-wohlig", um es im Zeitrafferdeutsch auf den Punkt zu bringen.

---

* Das Essen konnte selbst die verwöhnten Reizmägen unseres Recherche-Teams zufriedenstellend. – (Beluga-Kaviar fanden wir zwar nicht auf der Karte, doch mit Entbehrungen muss man eben leben...)

141

Seventies-Bar und quietsch-
buntes Bubblegum-Ambiente!

Hat ein Odeur zwischen Adven-
ture und Jointventure...

(...schon am Eingang schoss es
uns durch Kopf und Nase: „Das
ist der Gangja nach Canossa!*").

Seeeehr relaxte Lounge-Atmo:
Aus- und Einsteiger kurz vor der
30-Jahre-Bioklippe kippeln in
Sesseln und unter den Tischen
mit dem Kopf zum Beat.

Interieur: wie aus dem Film „Fear and Lothing in Las Vegas"
(Zitat: „alles schön bunt hier"). Der Soundtrack bewegt sich
zwischen Big Beat, Elektro und TripHop.

Dem einen Leser dürfte der Terminus „Gangja" geläufig sein, – dem anderen
„Canossa" !

(Doch nur wer beide Vokabeln kennt, kann von sich behaupten, sich endgültig
in die höhere Bildungsschicht hochgekifft zu haben...)

Stereo
Wonderland

**STEREO
WONDERLAND**

Trierer Straße 65,
Ecke Luxemburger Straße

Geöffnet: tgl. 19 Uhr - Open End

KVB: Barbarossaplatz

Flotte

S umma summarum: Partyladen und Baggerloch auf zwei Ebenen.

Man bringt sich zwar nur mit Bier in Extasy (Motto: „Pullen statt Pillen!") – aber auch Alkohol lässt ja nicht unbedingt die Schamschwellen schwellen!

(Klartext: vom studentischen Partylöwen bis zum handwerklich begabten Arbeitsbullen denken alle nur ans tut-tut, weil es tierisch gut tut.)*

Gedränge und Hochbetrieb! Wer zu spät kommt, steht lange Schlange, bis der Türsteher den Startschuss zum Abschuss gibt. – Doch: Wahre Libido scheut nicht Kosten noch Mühen!

---

* Vereinigung - Jetzt! (Der zaghafte Leser würde sich heulend in die Ecke setzen, säße da nicht schon ein Pärchen beim Petting coram publico...)

FLOTTE

Zülpicher Platz 9;
Fon 21 16 89

Geöffnet: tgl. 18-1 Uhr
(Fr. und Sa. bis Open End)

Küche: kein Essen

Türsteher: liberal

KVB: Zülpicher Platz

Magnus

S tudentenlokal! – Abends Treffpunkt der BelWL-Etage:

man redet PR-PRosa in eigener Sache. Coole Jungs üben den Gestus und Habitus des kühlen Businessmannes,

– die Mädels hübsch lächelnd, wie einem Werbespot entsprungen.... (Bester Baggerspruch: „BWL ist die Abkürzung für Bitte, will Liebe")

Tagsüber eher Studenten der Normalo-Fakultät: harmlose Leute mit harmlosen An- und Absichten, abonniert für ein Leben auf der Hinterbank.

Essen: Großportionen, qualitativ über dem Mensa-Niveau (bis 20 DM).

MAGNUS

Zülpicher Straße 48;
Fon 24 14 69

Geöffnet: tgl. 8 Uhr - Open End

Küche: bis 3 Uhr, Frühstück tgl.
8-12 Uhr (So. Brunch von 9-15 Uhr)

KVB: Dasselstraße/Bahnhof-Süd

145

Kölns beste Studentenkneipe mit Live-DJ und kleiner Tanzfläche:

Dancehall, HipHop, Acid!

(Aber auch das Interieur schlägt preisverdächtig ins Auge:

unzählige Hängekugeln über der Theke, Kunstfilme werden – visuell experimentell – an die Wand projiziert.)

Hier finden Studenten, von universeller universitärer Ungemach gezaust, Rekonvaleszenz:

Ältere kursieren um die Bar, – Erstsemester kopieren die Tanzarten der VIVA-Video-Erotik.

Aceton

ACETON

**Luxemburger Straße 46;
Fon 42 61 12**

**Geöffnet:
tgl. 20 Uhr - Open End**

KVB: Eifelwall

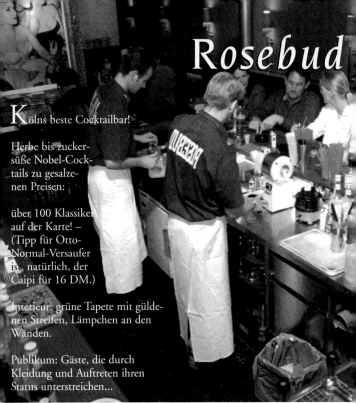

Rosebud

Kölns beste Cocktailbar!

Herbe bis zucker-
süße Nobel-Cock-
tails zu gesalze-
nen Preisen:

über 100 Klassiker
auf der Karte!
(Tipp für Otto-
Normal-Versaufer
ist, natürlich, der
Caipi für 16 DM.)

Interieur: grüne Tapete mit gülde-
nen Streifen, Lämpchen an den
Wänden.

Publikum: Gäste, die durch
Kleidung und Auftreten ihren
Status unterstreichen...

(...oder, in unseren Worten gesagt:
„Habitat für Leute, die per Habit
und Habitus indizieren, dass ihr
Leben in Schotter und Asche
liegt")!

Dazu passend: attraktive Frauen,
die sich durchaus kontaktfreudig
zeigen...

(...oder, in unseren Worten gesagt:
„puppenschöne Mädels für pop-
penschöne Stunden")!

Der Playboy, das Hochglanzmagazin mit den
apetittlichen Mädchen im Centrefold, wählte
anno 1997 das Rosebud zur Playboy-Bar des
Jahres!

(Insbesondere wurde dort gewürdigt, dass im
Rosebud – kein Witz! – zu schottischen
Whisky schottisches Quellwasser gereicht
wird!)

ROSEBUD

Heinsbergstraße 20; Fon 240 14 55

Geöffnet:
Mo. bis Do. 20.30 Uhr - Open End,
Fr. bis So. 21 Uhr - Open End

Happy Hour: Mo. bis Fr. 20.30-22 Uhr

KVB: Zülpicher Platz

147

Heimspiel

E in Sportort in Reimform und
Reinform:

bedient unweigerlich die drei Bs des
wahren Mannes –Boxen, Bier und
Bundesliga!

Folgende Details: in einem Schlauch-
raum erstreckt sich eine lange Theke,

– auf eine Wand projiziert ein Video-
beamer ein Riesenbild,

– Tische mit eingeritzten Kerben von
Fingernägeln (...Zeitzeugen der nervli-
chen Anspannung während des letzen
FC-Spiels).

Das Publikum erstreckt sich durch alle
soziologischen Schichten – von Top
bis Flop, von Ass bis Aas, von Protz
bis Rotz...

Fairer Kölschpreis: 1,80 DM.

Das Wort zum Wirt: das Erfolgstrio Büttner –
bestehend aus den Gebrüdern Jörg, Matthias und
Stefan!

Die glorreichen Drei haben schon mit den Läden
Ruine, MTC und dem Herbrands gastronomische
Höchstleistungen in Köln vollbracht.

HEIMSPIEL

Zülpicher Straße 10; Fon 969 25 59

Geöffnet: tgl. 17-1 Uhr

KVB: Zülpicher Platz

Schmelztiegel

K ölns fetenträchtigste Studenten-Kneipe! – Kommt als
Mischung aus Kölsch-Kneipe und Hofbräuhaus für Arme...

...und Beine. (Klartext: alles tanzt auf den Tischen, – Unibesucher
der Preisklasse „schmerzfrei" schütten sich den Lehrstoff der letzten
Woche wieder aus dem Hirn.)

Rustikales Ambiente zwischen Holz in und vor der Hütt'n, – die
Musik schunkelt zwischen Schlager, Charts und äääFCeee-Kölle-
Gegröle. – Brachialer Baggerfaktor!

SCHMELZTIEGEL

Luxemburger Straße 34,
Ecke Hochstadenstraße;
Fon 240 11 11

Geöffnet: tgl. 19 Uhr - Open End

KVB: Barbarossaplatz

Filmdose

E dler Kontrapunkt zu den Studentenschuppen hier im Kwartier Lateng,

– die geschwulstige Deko wuchert mit Gold und Edelholz...

(Außerdem macht es den Ruf der Filmdose aus, dass bis vor vier Jahren das Lokal den Lokalprominenten Wally Bockmeyer und Ralph Morgenstern gehört hatte.*)

Publikum: tagsüber schon leicht angejahrte Selbstdarsteller und Imagekünstler, die etwas senil-sensibel am Milchkaffee nippeln.

Erst abends wird die Szenerie zum Szenelokal: lockerer Flirtbetrieb – oder, lyrisch gesagt – ein Tick mehr Schick und eine Nuance weniger Contenance.

Essen: gehobene Küche für 20-30 DM.

* Wally Bockmeyer ist Intendant des Theaters „Kaiserdose" (legendärstes Stück: Geyerwally),

– Ralph Morgenstern moderiert im ZDF den „Kaffeeklatsch".

FILMDOSE

Zülpicher Straße 39,
Ecke Kyffhäuserstraße;
Fon 23 96 43

Geöffnet: tgl. 9 Uhr - Open End

Küche: 9-24 Uhr, Frühstück
bis 18 Uhr (So. bis 16 Uhr)

KVB: Dasselstraße/Bahnhof-Süd

Before

S ubterrane Cocktailbar, –
ein Kellerraum mit stilvoll
hinziselierter Deko zwischen
steril und abstrakt,

– dazu plätschern Easy Listening und Filmmusik aus den
Sechzigern...

Reichlich unprätentiöses
Publikum: sympathische
Jemande, – vom Typ her eher
Guter Bub als Bad Boy,

– die Mädels auf den ersten
Blick vielleicht nicht mega
sinnlich, aber mit Potenzial!

(Auffallend viele Stammgäste,
die die Bar als ihren Lebensmittelpunkt erkannt haben!)

Drinks: über die Cocktails,
ebenso wie über deren Preise,
fällen wir ein positives Verdikt!

Das Wort zum Wirt: Dirk Bohler –
Gastronaut aus Liebe und Leidenschaft –
hat auch das Stereo Wonderland
(ebenfalls Kwartier Lateng) unter
seiner Fuchtel:

ein Mann, für den auch die Gäste statt
nur Geld und Zahlen zählen!

BAR BEFORE

Hochstadenstraße 21, Ecke
Kyffhäuserstraße; kein Fon

Geöffnet: tgl. 19-1 Uhr

KVB: Barbarossaplatz

Fischermanns

F olgendes Bulletin: schniekes Bar-Resto für flirtive Yuppies, Kreativlinge und Kölner B-Prominenz...

Essen: sehr gut und sehr mediterran – immer frisch, das jüngste Gericht ist immer das Tellergericht! (Tipp: Kölns beste Fischsuppe – 15 DM!)

Drinks: Kölsch, Cocktails und – additiv zum Essen – ergötzliche Weine...

Publikum: selbstgewiss, frei von Inferioritätsgefühlen jedweder Art...

...und sehr „kommunikativ" (...was hier drin eher eine höfliche Paraphrase ist für „baggerbereit").

• Die Terrasse ist Treff der Schönen, die einen an ihren wohl-definierten Körpern die Augen weiden lassen...

---

* Die Fischsuppe wirkt, so heißt es, aphrodisierend...

...und nicht nur – um eine Formulierung irgendwo zwischen Fürwitz, Furzwitz und Genitalgag zu verwenden – phantasieanregend wie Fischstäbchen mit Calamares-Ringen!

FISCHERMANNS

Rathenauplatz 21,
Ecke Görresstraße;
Fon 801 77 50

Geöffnet: tgl. 18-2 Uhr
(Fr./Sa. bis 3 Uhr)

Terrasse: bis 23 Uhr

Küche: bis 23 Uhr

KVB: Dasselstraße/
Bahnhof Süd

HELLERS BRAUHAUS

Roonstraße 33; Fon 240 18 81

Geöffnet: Mo. bis Do. 18-1 Uhr
(Fr./Sa. bis Open End), So. Ruhetag

Küche: bis 23 Uhr

KVB: Zülpicher Platz

Hellers
Brauhaus

B rilliant uninnovatives Wirtshaus,

– wo sich die Fuxen und Erstsemestler des Kölner Nachtlebens ihre Ration Feierabendalkohol holen:

im Keller wird „Hellers Kölsch" und „Hellers Wiess" gebraut – zwei Highflyer der Brew-Economy!

(Auch wir bevorzugen Bier und andere klassische Drogen, weil – wie die Poeten sagen – der das Leben an den Nagel hängt, der an der Nadel hängt!)

Kommt als rustikales Holzetwas, imprägniert von Bierdunst...

...und ist Tipp, um ein paar Bier-Längen zu verlümmeln, bevor man tiefer ins Nachtleben steigt. –

Essen: leichte Kost, Gemüse und Salate für erschwingliche Banalbeträge.

Das Hellers Brauhaus ist ein urdeutsches Lokal, – passend zum Herkunftsland des Bieres und der Gemütlichkeit.

(Nach unserer repräsentativen Umfrage ist die Mehrheit der Bewohner Deutschlands zufrieden,

– manche plädieren gar dafür, die Nationalhymne solle umbenannt werden in „Deutscheland gute Land")

Jonny Turista

D er unvermeidliche Tapas-Ausleger hier im Viertel:

fungiert als Domizil für aufstiegswütige BWL-Studis, die
insbesondere durch körperliche Tugenden hervorstechen!

Trotzdem herrscht eine eher sublime Atmo, – Grüppchen sitzen
ausschweifelnd schwafelnd herum, – manche Pärchen betten hier
den Abend geradezu in Watte...

Der Laden kommt auf zwei Ebenen: verwinkeltes Parterre und
ein gedrungen gewölbter Keller. – Kleine Außenterrasse mit
Blick auf den Rathenauplatz.

Hispano-Food: etwa drei Dutzend warme und kalte Tapas –
qualitativ ohne High- und ohne Lowlights.

JONNY TURISTA

Rathenauplatz 8; Fon 240 70 55

Geöffnet: tgl. 17-1 Uhr

Happy Hour: tgl. 18-19.30 Uhr

Küche: tgl. 10-24 Uhr; kein Frühstück

KVB: Zülpicher Platz

D ekorativ heruntergekommene Electronic-Lounge:

für – wie man szenephonotypisch sagt – gute Vibes sorgt Elektromucke in allen Variations. (Leider keine Live-DJs.)

Interieur: Bierkästen und Sofas als Sitzmöbel, – überall prangen Heiligenbilder und christliche Devotionalien...

Publikum: raspelhaarige Szene-Kids,

– Markenzeichen: großflächig tätowiert (...sog. „Haut-Couture!") und bedrohlicher Schmuck (...gepierct und genagelt!)

Und dass auch und gerade im besten Clearasil-Alter heavy geschraubt wird, müssen wir nicht extra betonen (Motto: „Der Warzmann ruft!").

Das Liquid Sky war einst Kölns legendärste Electronic-Bar – mit republikweiter Fama!

Aufgrund von Ärger mit den Stadtvorderen im Ordnungsamt wurde dem damaligen Betreiber (...mit dem altgermanisch klingenden Namen „Thomas Thorn") die Konzession entzogen:

Ende 2000 wieder eröffnet – unter neuer Regie und mit modifiziertem Konzept (keine Live-DJs mehr!).

Liquid Sky

LIQUID SKY

Kyffhäuserstraße 43,
nahe Bahnhof Süd;
Fon 21 66 56

Geöffnet: Mo. bis Sa. 19-1 Uhr,
So. 15-1 Uhr

KVB: Barbarossaplatz

Pacific Coast

F olgende Expertise: versöhnt die Tradition der hoheitlichen Barkultur mit dem informellen Laissez-faire der Jetztzeit!

Das Interieur ist ein Relaunch der achtziger Jahre,

– schwarz-weiß als dominanter Farbkontrast, – kühler Stahl, – eine geschwungene Theke stülpt sich in den Raum...

Dazu moderne Sounds, TripHop und flächiger Drum 'n' Bass (...anstatt des sonst allgegenwärtigen Fushion-Jazz-Gesäusels).

Erstklassige, klassische Cocktails: Kölns bestes Preis-Leistungs-Verhältnis! (Hinter der Theke stehen emeritierte Bartender!)

Das Publikum ist relativ frei von Etepetismus,

– für diese unsere hypertrophe Zeit überraschend unüberspannte Leute, die noch entspannt plaudern als gäb´s kein Morgen...

PACIFIC COAST

Kyffhäuserstraße 17,
auf halber Höhe;
Fon 923 11 60

Geöffnet: tgl. 19-1 Uhr

KVB: Barbarossaplatz

M usikkneipe. – Nachtnächtlich schlägt ein DJ schöne Töne an:

von Seventies-Funk bis Big Beat und Latin, mehr als nur dekorative Unterhaltungsmusik!

Publikum: Studenten aller Couleur finden hier Rekonvaleszenz...

...und vielleicht den Partner für ein, zwei Semester.

Die Location ist dividiert durch zwei:

vorne clubbige Bar-Atmo, – hinten stählerne, bestuhlte Coolsphäre. Kuschel-Sitzecken fungieren als Couch- und Knutschzone...

Umbruch

UMBRUCH

Zülpicher Straße 11;
Fon 283 58 26

Geöffnet: tgl. 20 Uhr - Open End

KVB: Zülpicher Platz

159

VAMPIRE

Rathenauplatz 5;
Fon 240 12 11

Geöffnet: Di. bis So. 20-1 Uhr
(Fr./Sa. bis 3 Uhr), Montag Ruhetag

KVB: Zülpicher Platz

K ommt krude, kryptisch und sibyllinisch. Ein wenig verrückt zu sein ist hier bestimmt kein Fehler:

schwule Lesben-Cocktailbar und schwurbeliges Turbotuntentreiben, wo wir der obskursten Partnervariationen ansichtig wurden,

– sie mit ihr, er mit ihm und das Ganze noch einmal verquer herum...

Interieur: blutrot und erotisch düster wie ein Knutschfleck,

– lasziv und eng auf eng im hinteren Bereich (...des Lokals, nicht der Gäste!) mit kleiner Tanzfläche.

Tipp: der Haus-Cocktail "Vampire" brachte schon so manchen noch vor Morgengrauen in den Sarg...

Vampire

164

1 Beim Pitter
2 Biermuseum
3 Campi im Funkhaus
4 Flanagans
5 Früh am Dom
6 Haxenhaus

Kard.-Frings-S

Stolkgasse

Tunisstr.

eonstr.

Unter Sachsenhausen

Appelhofplatz
Zeughaus

Komöd.-

ausstr.

Burgmauer Justiz
geb.

Elisenstr.

Schwalbeng. Kupferg.

A.d.Berlich

Appelhof
Platz

Tunisstr.

Breite Str.

Minori

Glockengasse

Herzogstr.

derstr.

Antoniterga

7 Klimperkasten
8 Der Löwenbräu
9 Peters Brauhaus
10 Rambutan
11 Sonderbar
12 Spitz
13 Taverna Flamenca

Altstadt

Verwinkeltes Gassengewirr, teure Restaurants und unzählige Kneipen. Zielgruppe: Touristen und Schwule! (Sonst gehen Kölner hier in der Altstadt so gut wie gar nicht aus!)

• Rund um den Heumarkt ist der Kern der Schwulenszene. (Viele Ältere, weit jenseits der dreißig.)

• Die Rheinpromenade ist rein touristisch! Hier ist jedes Haus ein Lokal, überall Remmidemmi und Halligalli!

• Am Alter Markt, ein Platz mit viel Tradition, mischen sich Schwulen- und Touri-Läden.

BEIM PITTER

Alter Markt 58-60; Fon 258 31 22

Geöffnet: tgl. 11-1 Uhr

Küche: kein Frühstück nur
Fr./Sa. ab 11 Uhr

KVB: Heumarkt

S chwuler Dauertreff und Power-treff am Alter Markt,

– vor allem sommers trifft man sich auf der Terrasse zum gegenseitigen Bodycheckzweck:

Muskelmänner aus dem tiefen Großstadt-Dschungel...

...sehen aus wie Tarzan, gehen wie Jane und sprechen wie Chita! –

Alles in allem sehr hell und gemütlich eingerichtet, um sich leidenschaftlich durchhängen zu lassen.

Tipp: Kölns schwulstes Weekend-Frühstück!

Das Wort zum Wirt: er heißt nicht nur Rigobert, sondern heißt auch Heteros willkommen!

(Wer eindeutige Signale gibt, wird auch nicht angegraben – da möchten wir unsere Leser vom Hetero-Ufer explizit beschwichteln...)

Beim Pitter

Kölns bekanntestes Brauhaus,

– gleich neben dem Dom und gern genutzt für ein säkulares Gelage in sakraler Lage:

touristisches Publikum – primär Amerikaner, die den weiten Weg von Georgia nach Germany gemacht haben...

...und Japaner, groß wie eine Parkuhr und mit Kamera, die sie gar nicht vom Gesicht nehmen wollen.

Früh am Dom

Rustikalistisches Interieur: vollfolklorig, – alles ächzt vor Tradition und Volksnähe (Nippes, Wagenräder, überall Holz und Zink).

Klassische Brauhaus-Küche (Motto: „Essen wie Gott im Schankreich!2); qualitativ nah an „passabel"! – Der Service ist rau, rüde und schnell-schnell!

FRÜH AM DOM

Am Hof 12-14, direkt neben dem Dom; Fon 261 32 11

Geöffnet: tgl. 8-24 Uhr (der Keller bis 1 Uhr)

Küche: tgl. 11-23.45 Uhr, Frühstück bis 11 Uhr

KVB: Dom/Hauptbahnhof

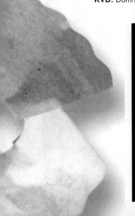

P arty-Ire. Bis hier die Schotten dicht sind...

...sind die Iren und Deutschen hacke-dicht! – Alles in allem ein sehr touristenträchtiges Pubpublikum, zu drei Vierteln englischschwafelig.

Immer hochtouriges Gedränge: man tanzt und ranzt sich an – sich kennen- und späteres miteinander pennenlernen nicht ausgeschlossen.

Interieur: Kellerlage mit Achtziger-Jahre-Flackflackflackertanzfläche, – umspannt von einer Wandvertäfelung aus bedrückend viel Holz.

Das Programmangebot kommt in die Nähe einer Ballermannparty auf Dublin:

von Oldieparty über Fußball bis hin zu monatlichem Karaoke.

• Am Wochenende servieren Live-DJs einen Sound-Stew aus Charts und Classics.

Flanagans

FLANAGANS

Alter Markt 36;
Fon 257 06 74

Geöffnet: So. bis Do. 17 - Open End,
Sa./So. 14 Uhr - Open End

Türsteher: liberal

KVB: Heumarkt

169

Campi im Funkhaus

Um es gerafft und gestrafft in richtiger Reihenfolge auf den Punkt zu bringen: Gesehenwerden und Sehen, Essen, Trinken...

Das Lokal ist die frühere WDR-Kantine:

...tagsüber deshalb jede Menge Jungs vom WDR, in ihrer Erscheinung charismatisch wie Bausparberater.

...abends dann eher kulturell Versierte, die Konzerte im Sendesaal des WDR besuchen und anschließend akadämliche Gespräche führen.

Essen: cucina italiana, qualitativ aber eher mezzoforte. – Getränke: caffè e vino! – (Warnung: „baristi arroganti", arrogante Kellner!)

Das Wort zum Wirt: Don des Lokals ist „Gigi Campi", über siebzig und einer der Gastrogewaltigen der Stadt!

(Gigi verbrachte seine Jugendjahre – anders als seine Compagneros – nicht ausschließlich damit, immer nur auf einer Vespa mit abgesägtem Auspuff um den Häuserblock zu kreisen,

– sondern hat sich schon in den Fünfzigern und Sechzigern große Verdienste um die Kölner Jazz-Szene erworben!)

CAMPI IM FUNKHAUS

Wallrafplatz 5, neben dem WDR-Funkhaus; Fon 925 55 55

Geöffnet: Mo. bis Sa. 8-24 Uhr, So. 10-24 Uhr

Küche: 12-23 Uhr, Frühstück ab 8 Uhr

KVB: Dom/Hauptbahnhof

Hochwasserstand
Heiligabend 24.12.1993

10,64 m —

M ittelalterliches Gast-
haus vom Rang einer
Sightseeing-Attraktion – ist
in einem Reiseführer genau-
so gut platziert wie in einem
Speiseführer:

ein rechteckiger, hochdecki-
ger Raum – reichlich be-
stuckt! –, wo man parterre
an langen Tischen tafelt.*

Tipp für den Aficionado sind
die Schweinshaxen (diverse
Variationen von 20-30 DM),

– abgelöscht mit Unmengen
von Kölsch (...auf Wunsch
auch meterweise auf einem
Holzstück).

• Interessant trotz Touris-
tenturbulenz:

die mittelalterlichen Ban-
kette im ersten Stock, – wo
alles schlürft, schmatzt und
sprotzt als wäre man zu
Hause. Das Publikum ist
einem Touristen-Kegelbus
entsprungen.

---

* Das Gebäude stammt aus dem 13.
Jahrhundert und ist älter als der Dom.

Haxen haus

**HAXENHAUS
zum Rheingarten**

Frankenwerft 19; Fon 257 79 66

Geöffnet: tgl.11.30-1 Uhr
(Fr./Sa. bis Open End)

Küche: bis 23 Uhr

KVB: Heumarkt

Klimperkasten

L eicht bohemisiertes Kaffeehaus, wo einem die Roaring Twenties nachgerade anbrüllen: jazzy Sounds, – tagsüber vom Band,

– und jeden Abend, so ab 22 Uhr, live (...ein Positivum in diesen unseren Zeiten, in denen Jazz bei vielen als unsinnlich gilt,

– ein Festmeter Jazz-Platten ungefähr so verführerisch wie eine Briefmarkensammlung).

Publikum: vierzigjährige Strickjacken-Intellektuelle und...

...die unvermeidlichen Touris hier in der Altstadt, wo Köln am schönsten und der Fremde für gewöhnlich ein geschätzter Goldesel ist. –

• So. spielt der Besitzer Joe Buschmann mit seinen „Glühwürmchen" – klavierlasttige Kaffeehausmusik, klanglich mehr jassssy als jazzy...

Den Klimperkasten gibt's seit 22 Jahren, – ein Klassiker, wo man bewahrt hat, was sich bewährt hat!

Papa Joe's KLIMPERKASTEN

Alter Markt 50-52; Fon 258 21 32

Geöffnet: tgl. 11-1 Uhr
(Fr./Sa. 11 Uhr - Open End)

Küche: tgl. 18-24 Uhr

KVB: Heumarkt

Der Löwenbräu

Der LÖWENBRÄU

Frankenwerft 21; Fon 257 45 40

Geöffnet: tgl. 11 Uhr - Open End

Küche: bis 3 Uhr

KVB: Heumarkt

G astlichkeit wie in München, der Stadt der Freunderlwirtschaft und des Bazifismus...

...und ein Wirtshaus, das in Szenekreisen nur grummelnd und grantelnd genannt wird:

primär Touristen, die die Altstadt fluten, – und Geschäftsleute mit flottem Anzug und dicker Elefantenkrawatte...

Essen: hier gibt sich Corporate Bavaria die Ehre (Leberknödel*, Schlachtplatten), – aber auch italienische Schmankerl. Bis 25 DM.

Bier: dunkles Kölsch und natürlich diverses Löwengebräu.

---

* Der Leberknödel wird, nördlich vom Main, auch „Kloß" genannt bzw. „Bavarian Foodball"

K ölns modernstes Brauhaus,

– wurde vor drei Jahren restauriert, präpariert und dem Vergessen entrissen: zwar etappenweise auf rustikal frisiert, – aber aufgepeppt mit jugendstiligem Glasrelief an der Decke und frappierend freundlichem Service!

Im Publikum primär Business-Leute:

die Frauen korrekt kostümiert, – die Männer penibel krawattiert (...erst zu späterer Stunde geht es etwas lockerer zu am Männerhals – Klartext: oben ohne!)

PETERS BRAUHAUS

Mühlengasse 1;
Fon 257 39 50

Geöffnet: tgl. 11-24 Uhr

Küche bis 23.30 Uhr

KVB: Heumarkt

Essen: landsleutselige Kölsch-Küche – qualitativ keine Gipfeltaten, aber o.k.

Hier serviert man „Peters Kölsch", das aus Monheim kommt statt aus Köln und, logisch, bei indigenen Kölner Jungs ähnlich beliebt ist...

...wie bei den Belzer Buben ein Glas frisch gezapftes Weihwasser. (Trotzdem: hat, frisch vom Fass, eine durchaus positive Kritik verdient!)

Peters Brauhaus

G leich vorweg: ein Rustikallokal, das bei dem Einen oder Anderen durchaus Magendrücken verursacht...

Touri-Treff – 80 % der Gäste sind Amis und Japsen, die zu Hunderttausenden durch die Altstadt wimmeln und anschließend hier Bier in krassen Massen verklappen...

Trotzdem: sollte man einmal besucht haben,

– über fünfzig Sorten Bier, 18 vom Fass, 35 von der Pulle,

– vom „Kirin" aus Japan bis zum „Red Stripe" aus Jamaika.

(Später, ab Mitternacht, dann auch zunehmend Kölner – eher grobmotorische Naturen mit recht erdnahem Niveau*)

---

* Wenn überhaupt, dann sind die Jungs aber durchaus nicht – wie bitterböse Mäuler lästern – „sumpfdumm", sondern – wie wir Pädagogen sagen – „lernschwach"!

Biermuseum

BIERMUSEUM

Buttermarkt 39; Fon 257 78 02

Geöffnet: tgl. 14 Uhr - Open End

Küche: kein Essen

KVB: Heumarkt

Rambutan

RAMBUTAN

Seidenmacherinnengässchen 3;
kein Fon

Geöffnet: tgl. 17-1 Uhr
(Fr./Sa. bis Open End)

Happy Hour: tgl. 17-20 Uhr

KVB: Heumarkt

Thailändische Cocktailbar!

Eine angenehme, annehmbare Alternative zum bierernsten Allerlei der Altstadt,

– trotz seines Publikums: typisch touristisches Einerlei!

(Klartext: hier sieht jeder aus wie Herr Jedermann aus Castrop-Rauxel oder Arschaffenburg.) – Auch atmomäßig ein eher mäßiger Thai-Fun.

Folgendes Positivum: von kleinen, asiatischen Händen kreierte Drinks, – so liebevoll serviert wie eine Bierbauch-Massage (Cocktails ab 12 DM!).

Interieur: Buddhas, Fächer und andere siamesische Souvenirsachen.

Sonderbar

M ainstreamkneipe für junge Altstadtfrequentierer...

...am Rand des guten Kleidungsgeschmacks – (aber: Welcher Nobody ist schon perfect!).

...und knapp dem Alter entwachsen, wo noch Dr. Sommer Antwort geben konnte auf die zentralen Fragen des Lebens – von „Kriegt man vom Küssen Kinder?" bis „Kriegt man vom Spermaschlucken Karies?".

Einrichtung suuuperschön: Spiegel, Plakate und Reklameschilder, – totaaal toll ist der Gogo-Käfig im hinteren Bereich (leider leer).

Musik: bescheidene Beschallung mit Pop-Lollies aus den Charts.

Drinks: circa 20 Cocktails der O.K.-Kategorie.

SONDERBAR

Lintgasse 28; Fon 257 78 57

Geöffnet: tgl. 19 Uhr - Open End

KVB: Heumarkt

Spitz

Ein genehmer Kontrapunkt zu den krawalligen und krakeeligen Proll-Pinten und Touri-Tavernen hier in der Altstadt:

ist zwar eine konstruierte Konzept-Kneipe, kommt aber – „Ambiente gut, alles gut!" – durchaus distinktiv:

großzügig dimensioniert, klassische Bausubstanz, Parkettboden, sonores Holzmobiliar. Durch die Fensterfront blickt man auf den Alter-Markt-Brunnen.

Auch das Publikum gibt sich erfreulich domestiziert:

• tagsüber viele, die in der Altstadt arbeiten und ein kurzes Kaffeepäuschen brauchen (...vom leitenden Angestellten bis zur leidenden Aushilfssekretärin).

• nachts dann eher Theaterbesucher und philharmonische Kulturbürger, die sich mit oberlehrerhafter Akuratesse an Wein delektieren...

Das „Spitz" ist eine Franchise-Kette mit deutschlandweit 14 Lokalitäten, – vier davon davon in Köln (eine weitere haben wir im Friesenviertel beschrieben).

SPITZ

Alter Markt 28-32;
Fon 257 21 01

Geöffnet: tgl. 9-1 Uhr
(Fr./Sa. bis Open End)

Küche: bis 24 Uhr

KVB: Heumarkt

Kölns spanischste Kneipe – weit jenseits der allgegenwärtigen Tapasbar-Adepten!

Vielmehr: Treffpunkt für die Spanier hier in Köln, – fast achtzig Prozent der Gäste kommen von der Dreiviertel-Insel.

Wenn nicht spanisch entspannt geplappert wird, klappert die Castagnette...

...und live gespielter, flammender Flamenco sorgt für – „hasta la fiesta!" – eine Atmo wie im hitzeflirrenden Olivenstaat.

Einrichtung: klitzekleine Schlauch-Kneipe mit rauen Wänden.

Tipp hier: diverse spanische Weine schon ab 5 DM. – Kein Essen.

Taverna Flamenca

TAVERNA FLAMENCA

Salzgasse 8; Fon 925 55 25

Geöffnet: tgl. 18 Uhr - Open End

KVB: Heumarkt

181

Best of
the rest

Hier haben wir Lokale beschrieben,
die nicht in den klassischen Ausgeh-
Vierteln liegen, sondern in den
umliegenden Wohnvier-tel, 10-
15 Autominuten ab Stadtkern.

• Teilweise Stadtteilkneipen –
wenn auch primär für Leute,
die dort wohnen – mit über-
regionaler Fama.

• Teilweise Läden, für die
Leute aus allen Winkeln
der Stadt extra anreisen.

1	ABS
2	Berrenrather
3	Bilderschreck
4	Demmer
5	Feez
6	Froschkönig
7	Hayal
8	HoteLux
9	Kaschämm
10	Limit
11	Lommerzheim
12	Lux
13	Mach et
14	Melody
15	Monheimer Hof
16	Petersberger Hof
17	Rosenrot

185

Ausnahme-Adresse in der Partywüste Klettenberg, wo das Leben ringsum den Scheintod probt:

...während der Woche Treff für Studenten und Gäste, denen ein sanfter Hauch des Alternativen um die Jeans weht.

...am Wochenende gemischteres Publikum und verstärkter Flirtverkehr, wo mitunter hungrige Partygeier um junge Partymäuse kreisen...

...und wo man die Landschaft der Vororte nicht zuletzt wegen der vielen Venushügel liebt. –

Interieur: ebenerdig ein Bistro im gewöhnlichen Holzstil (kleine Appetithappen und Petitessenessen),

– treppabwärts eine Schlauchdisco (Neon-Look, wenn auch nicht gerade Neo-Look!).

ABS

Gottesweg 135
(Köln-Klettenberg);
Fon 44 69 75

Geöffnet: tgl. 18 Uhr - Open End

Küche: tgl. 18-23 Uhr
(Fr./Sa. bis 24 Uhr)

KVB: Gottesweg

Berrenrather

B ekanntes Kneipen-Resto im
gut verfugten, aufgeräumten
Viertel Sülz,

– kommt adäquat gediegen, das
Interieur erlaubt sich nur sehr
verhaltene Späße:

• vorne launiger Thekenbereich, wo
man seinen Cocktail eher goutiert
denn exekutiert. – (In punkto
Flirten bedarf es hier auch der
Courtoisie, nicht nur der
Courage!)*

• hinten Tische und transnationale
Küche von Fischragout bis Ham-
burger. – Zwölf verschiedene
Frühstücks!

• Tipp ist die Terrasse – sonnenge-
flutet von März bis Oktober, von
Sommeranfang bis Sommerunter-
gang...

---

* Wir sahen auch vorsätzliche Singlerinnen,
emanzipiert wie jene FPD-Politikerinnen mit
sperrigen Doppelnamen:

Wie unsere soziologische Studie offenlegte,
gibt es immer mehr Single-Frauen, die sich lieber einen Hund anschaffen als einen Mann,

– denn ersterer lässt sich leichter an die Leine
nehmen, pinkelt nicht immer auf die Klobrille
und wedelt häufiger mit dem Schwanz...

BERRENRATHER

Berrenrather Straße 330
(Köln-Sülz); Fon 420 17 33

Geöffnet: So. bis Do. 10-1 Uhr,
Fr./Sa. 10 Uhr - Open End

Küche: tgl. bis 23.30 Uhr,
Frühstück bis18 Uhr

KVB: Berrenrather Straße

Bilderschreck

S chwullesbische Kneipe für Durchschnittsschwule wie Du und Er und, wenn unser aller Freund Siggi Freud diesmal nicht irrt, sogar ich. Huch...

(Wir sahen gar Jungs, die so kreuzbrav aussahen wie unser lieber Onkel Detlev, zu dem uns unsere Eltern damals immer zum Spielen geschickt haben.)

Interieur: auch ohne rosarote Brille gesehen recht geschmackvoll, – die Wände zieren Bilder viriler Schwulschönheiten.

Drinks: über 200 Longdrink-Variationen.

BILDERSCHRECK

Königswinterstraße 1
(Köln-Klettenberg);
Fon 41 78 85

Geöffnet: tgl. 19 Uhr - Open End

Happy Hour: tgl. 20.30-21.30 Uhr

KVB: Gottesweg

Demmer

Wegen der Nähe zur Uni-Klinik viele Medizinstudenten, die das Quacksalberthermometer in ungeahnte Höhen treiben:

die Atmo ist entsprechend konservativ, konversativ und flirtfrei,

– denn Mediziner sind eher treue Naturen und haben, allein schon studiumsbedingt, von multiple-choice die Nase voll.

(Erst am Wochenende zunehmend Normalo-Gäste, die es auch ohne Weißkittel schaffen, sich als Halbgott zu fühlen...)

Interieur: muckelig möbliert, gedämmtes, romantisierendes Licht.

Gastronomische Basisdaten: Frühstück ab 11 Uhr, – sonst allerlei Chilli con carne, Nachos, Salate.

DEMMER

Zülpicher Straße 247
(Köln-Sülz); Fon 41 03 96

Geöffnet: So. bis Do. 11-1 Uhr,
Fr. 11 Uhr - Open End,
Sa. 18 Uhr - Open End

Küche: bis 24 Uhr;
Frühstück ab 11 Uhr

KVB: Weyertal

D as Lokal verströmt einen leicht vertrödelten und verdödelten Charme:

hier sitzen viele Lehrer und Spätlinke, die noch die Phraseologie ihrer Sturm-und-Drang-Jahre beherrschen,

– wenngleich ihr heutiges Leben mit dem damaligen kaum mehr zu tun hat als eine HB-Zigarette mit einem ordentlichen Joint...

(Außerdem: Studis, die hier in Nippes ihre Wohnschachteln haben sowie integre Stammgäste aus der Nachbarschaft!)

Die Küche folgt einer simplen Kulinarik à la Nudelgerichte. – Drinks: Bier und Wein.

Feez

FEEZ

Holbeinstraße 35
(Köln-Nippes); Fon 739 10 86

Geöffnet: So./Mo. 18-1 Uhr,
Di. bis Sa. 18 Uhr - Open End

Küche: bis 23 Uhr
(Sa. keine warme Küche!)

KVB: Lohsestraße

Das Feez stammt aus dem Jahre 1982,

– damals eine Kooperative aus fünf Leuten, die das Prinzip der vertikalen Hierarchien horizontal aus ihrem Leben geworfen hatten!

Mitte der Neunziger trennten sich die Herrn Kommunarden. – Jetzt, nach Renovierung und Revirement, unter Regie derselben Leute, denen auch das "ABS" gehört.

Froschkönig

D auerbrennner und Selbstgänger seit zehn Jahren, – selbst Leuten ohne gastronomische Geländekenntnis ein Begriff:

Bar-Restaurant für die Jahrgänge zwischen 1960 und 1970 – nicht mehr Adenauer-, aber auch noch nicht die Techno-Generation danach...

(Zu späterer Stunde versierter Flirtbetrieb an der langen Kontakt-Bar,

– denn gerade in dieser Altersklasse, wenn die Kinder aus dem Gröbsten 'raus sind und die Frau ausgezogen ist, wagt so mancher einen neuen Anfang!)

Exzellentes Essen: täglich wechselnde Karte – internationale Küche, ein dreifaches Salut dem Salat!

FROSCHKÖNIG

Turmstraße 14
(Köln-Nippes); Fon 73 86 87

Homepage: www.froschkoenig.com

Geöffnet: Mo. bis Fr. 17.30-1 Uhr,
Sa./So. 10-1 Uhr

Küche: tgl. 18-23 Uhr,
Fr./Sa. auch 12-15 Uhr

KVB: Florastraße

MELODY Piano Bar

Dürener Straße 169, Ecke
Klosterstraße (Köln-Lindenthal);
Fon 40 82 36

Geöffnet: tgl. 19.30 - Open End

KVB: Klosterstraße (Busse)

Melody

Kommt daher wie ein Rückgriff auf die achtziger Jahre: schwarze Ledersessel, Chrom-Barhocker, Spiegel...

...und jednächtlich Jazz-Session (...also Laienmusiker – die jazzige Variante der Fischerchöre mit dem Unterschied, dass alle den Ton treffen).

Auch das Publikum ist freilich reichlich angejahrt:

bourgeoise Grauschädel und „Woopies" („well-off older people") um die vierzig,

– die mit dem Nacht-Leben aber noch lange nicht abgeschlossen haben (Klartext: auch in diesen greisen Kreisen wird gebaggert,

wenn auch die Anmache in ein solides Gespräch eingebunden ist)*.

Drinks: klassische Cocktails und eine weltweite Weinkarte!

---

* Wir gewahrten gar Herrschaften mit gräulichen Wohlstandsschläfen,

– die ohne Gewissensbisse eine 15 Jahre jüngere Frau bebaggerten (...weil dies eben gesellschaftlich toleriert ist und nicht, weil auch noch das Gewissen zahnlos geworden wäre).

Hayal

T ürkische Weinstube –
kitschfrei eingerichtet
mit ein paar Orientalismen:

hier sitzen eher betuliche Edel-
denker – die einen gewissen
Lebensstil pflegen statt nur
Lifestyle – und salbadern
über Allah und die Welt...

Außerdem: qua Romantik-
Faktor auch Treff für trauliche
Pärchen...

(Alles in allem jedenfalls wäre
der vehemente Baggerer hier
drinnen so deplaciert wie einer,
der im Vegetarier-Restaurant
ein saftiges Schnitzel bestellt!)

Türkisches Essen: authentisch
und mustafantastisch. – (Tipp:
Kölns bester türkischer Vor-
speisenteller!)

Türkische Weine: trocken und
trinkbar, rot oder weiß.

Das Wort zum Wirt: ein perfekter
Gastgeber! Lebt schon sehr lange in
Deutschland, beherrscht den türkischen
Akzent aber fehlerfrei!

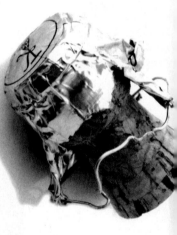

HAYAL

Florastraße 23 (Köln-Nippes);
Fon 76 28 87

Geöffnet: Mo. bis Sa. 18-1 Uhr,
So. Ruhetag

Küche: bis 23 Uhr

KVB: Hansaring

Russisches Kneipenresto,

– die Deko zitiert Stilelemente und Nationalsymbole aus dem Land mit dem Bären als Wappenziertier.

Vorne Bar-Bereich. – Tipp: Kölns beste Auswahl an Wodka (...das Standardgetränk der Ruuuusssen, wenn sie von Väterchen Frust heimgesucht werden)*.

Hinten Resto-Bereich, plüschig und kitschrot. – Tipp: nicht nur Borschtsch und pur Tour de russe, sondern – soljancapito?! – auch aufgepeppte, globalisierte Gerichte auf russischer Basis. Um 25 DM.

Publikum: Lehrer, Künstler und deren soziale und weltanschauliche Milieus.

---

* 4 Milliarden Liter Wodka fließen pro Jahr durch russische Kehlen – das sind 27 Liter pro Kehle! „Wasche sdarowje", auf deine Gesundheit...

HOTELUX

Von-Sandt-Platz 10, am Bahnhof Deutz (Köln-Deutz); Fon 24 11 36

Geöffnet: tgl. 19-1 Uhr (Fr./Sa. bis Open End)

Küche: bis 23 Uhr

KVB: Bahnhof Deutz

K öln bester Rock-Schuppen,

– wo sie noch rauflustige Gitarrenriffs spielen von Deep Purple, den Stones oder gar vom großen Elvis, dem Erfinder des Hüftschwungs...

Hier tut man alles, damit einen die Zukunft in Frieden lässt,

– im Publikum unüberraschend viele Leder- und Langhaarleute,

– die unbeirrbar am Rock 'n' Roll festhalten und nie den Elektroschock der modernen Computermusik wegstecken konnten:

„Mucke aus'm Kompjuter – www.as soll das?"

KASCHÄMM

Niehler Straße 171,
Ecke Nordstraße
(Köln-Nippes);
Fon 760 25 40

Geöffnet:
Mo. bis Sa. 18-1 Uhr,
So. 20-1 Uhr

KVB: Florastraße

Kaschämm

Altersmäßig natürlich jenseits der 35, denn Rock ist Musik, deren Jünger nicht die Jüngsten sind!

• Ca. 4-5-mal im Monat finden im Kaschämm Kleinkunst-Veranstaltungen statt (Chansons, Kabarett ec.).

Limit

M otto: Labsal in Lilienthal,

– ein Kneipen-Resto tief in der dortigen Gastrodiaspora, wo eine Würstchenbude das beste Restaurant am Platze ist...

Treppauf der Speiseraum, – der Rest ist Tumult- und Tummelplatz für...

...Studenten und Leute vom Viertel, – darunter viele tägliche Wiedergänger, die schon länger hier Stammgast sind als sie denken können!

Essen: von Frühstück bis Abendbrot (...qualitativ gut – oder, um es etwas gewundener zu sagen:

phantasievoll abgeschmeckt statt phantasielos abgeschmackt). Preislich unisono unter 20 DM.

LIMIT

Lindenthalgürtel 77 (Köln-Lilienthal);
Fon 43 15 54

Geöffnet: So. bis Do. 10-1 Uhr,
Fr./Sa. 10 Uhr - Open End

Küche: 12-23 Uhr, Frühstück bis 18 Uhr

KVB: Lindenthalgürtel

L*ux*

D as Kneipenrestaurant ist
Meetingpoint für BWL-
Studis, Bänker und andere neo-
konservative Überzeugungstäter:

man trifft, tratscht und turtelt,

– oder, um es soziotypisch zu for-
mulieren: „Man sieht sich!".

LUX

Luxemburger Straße 206
(Köln-Sülz); Fon 44 28 17

Geöffnet: Mo. bis Do. 17.30-1 Uhr
(Fr./Sa. bis Open End), So. 10-1 Uhr

Küche: bis 23 Uhr; Frühstück nur
So. ab 10 Uhr

KVB: Arnulfstraße

Solche Jungs haben natürlich ein
voluminöses Selbstwertgefühl,

– ausgenommen, wenn die Aktie
mal nicht so läuft, wie man selber
säuft... (Bester Baggerspruch:
„Mein Dax ist heute wieder mäch-
tig gestiegen!")

Inventar: bürgerlich nobel mit
Holz und Chrom. Terrasse für
rund 70 Personen.

Essen: ein Ausbund an Qualitäts-
gastronomie. – Tipp: Sunday
Brunch für 16 DM.

199

Lommerzheim

E ine denkmalsreife, denkmalssteife Institution,

– ruft die Intuition wach von fern verstaubter Vergangenheit, als
es noch keine Autobahnen gab und kein Wort zum Sonntag:

olle Kamelle und verwarztes Wohnzimmer auf der Schäl Sick...

...wo sich deutsche Bierbürger Schlag 17 Uhr – pünktlich wie die
Maurer – an der Theke aufbauen.

Grund: Päffgen-Kölsch! – Außerdem: Kölns beste Koteletts
(...kokettieren mit kleinem Preis und großem Geschmack!).

Das Wort zum Wirt: Hans und Annemie Lommerzheim – alter Gastro-Adel von und zu
Köln – regieren hier im vierzigsten Jahr.

LOMMERZHEIM

Siegesstraße 18
(Köln-Deutz); Fon 81 43 92

Geöffnet: Mi. bis Mo. 11-14 Uhr
und 16.30-0.15 Uhr, Di. ist Ruhetag

Küche: tgl. 11.30-14 Uhr und
16.30-22 Uhr

KVB: Deutzer Freiheit

Monheimer Hof

E in puppenlustiger Akt der Erlebnis- und Gaudi-Gastronomie,

– in einer Ungegend beim Zoo, die kläglich karg kommt trotz des Colonia-Hochhauses.

Hier holzt, bolzt und balzt ein Ulk-Pulk aus Aufreißern, Rum-kriegern, Flachlegern und Spaßvöglern,

– also Menschen wie wir (...nur dass sie entschlossen sind, den Sausack, der in jedem von uns steckt, aufzumachen).

• Do. bis So. Partys von Oldie-Abend bis Engtanz-Fete. – Jeden letzten Fr. im Monat Schlagerparty!

• Tipp für Freilufttrinker ist der exorbitant große Biergarten:

dann auch gesetzteres Publikum, – mittelalte Frauen mit schlampiger Figur und 45-jährige Männer, die sich eine Glatze haben wachsen lassen...

MONHEIMER HOF

Riehler Straße 231, Nähe Zoo; Fon 76 74 90

Geöffnet: Mo. bis Do. 17-1 Uhr, Fr./Sa. 17 Uhr - Open End, So. 10-1 Uhr

Küche: bis 22.45 Uhr, Fr./Sa. bis 23.45 Uhr

KVB: Zoo

PETERSBERGER HOF

Peterbergstraße 41;
(Köln-Klettenberg); Fon 44 36 00

Geöffnet: tgl. 11-1 Uhr

Küche: tgl. 11.30 - 14.30 Uhr
und 18-22.45 Uhr

KVB: Sülzbergerstraße (Tram)

Petersberger Hof

T ipp : Biergarten in einem anmutigen Garten,

– am Busen der Natur, wo alle sommersüchtig im Grünen sitzen,
der Himmel das reine Blau...

Im Publikum viele Lehrer (...also – aus dem Klischeekästlein
geplaudert! – nicht die Sorte Männer, in deren Nähe jede Frau
schneller zu atmen anfängt,

– dafür aber Jungs, die intellektuell befruchten können!).

Essen: deliziöses Bistro-Food, – vor allem die Salate adeln die
Speisekarte!

(Auch für tagsüber: wenn im Sommer Köln glüht, fungieren
Bäume als Schattenspender in der Hitzehölle!)

• Das Lokal – für die klimatisch schlechten Tage – ist eine
Nachbarschafts-Kneipe für monoglotte, bodenständige Leute
aus dem Viertel.

Rosenrot

Rekonvaleszendente Wohlfühllounge, die hier in der quirligen Nippes-Township reichlich fremdelt und ein bisschen wirkt wie hineinkopiert:

eine stilsicher intonierte Raumschönheit, die leitmotivisch das Thema Rosen bespielt (rote Rosen auf den Tischen und als Gemälde etc.),

– plus, als Extrapunkt: Kölns bequemste Sitzmöbel!

Ist emotionale Heimat für Leute aus dem Viertel:

als „Szenetyp" apostrophiert man hier jemanden, der in saloppen Klamotten rumläuft und vielleicht sogar ein Käppi trägt,

– dafür aber keinen Nachnamen hat und wahlweise „der Eddi" oder „die Yvonne" heißt!

Essen: mediterran, wie jetzt ja überall. – Tipp: Kölns beste Bratwürste (...keine Nürnbercher Roschdbratwerscht, sondern ungarische Bratwürste!).

Das Wort zum Wirt: der Vormann vom Rosenrot ist derselbe wie der vom Froschkönig, ebenfalls hier in Nippes!

ROSENROT

Turmstraße 4, direkt neben der Kirche (Köln-Nippes); Fon 732 50 25

Geöffnet: tgl. 17-1 Uhr

Biergarten: bis 23 Uhr

Küche: 18-23 Uhr

KVB: Florastraße

D ie wichtigste Nachtkneipe im angenehm verslumten Nippes, wo Gemüsetürken und Gyrosgriechen für eine quirlende Atmo sorgen...

So gegen 23 Uhr sammelt sich hier eine bunte Lebensmischung...

...vom bierbauchigen Mittvierziger bis zum waschbrettbauchigen Hipster, – Glückskinder und Pechvögel, vom Leben Gestreichelte und Gestrauchelte...

Tipp: Kölsch, frisch verzapft vom Holzfass, das auf der Theke steht.

(Außerdem: erlesene Spirits – egal ob Malt-Whisky, das Wunderwasser der Schotten oder Grappa, der Nationalschnaps der Italiener...)

Dafür nur rudimentäres Essen: Frikadellen oder ein Bagatellteller Gulaschsuppe!

Das Wort zum Wirt: Werner – groß, dafür aber dick – schmeißt seinen Laden wie ein Übervater...

Mach et

MACH ET

Einheitstraße 18
(Köln-Nippes);
Fon 72 43 15

Geöffnet:
tgl. 18 Uhr - Open End

KVB:
Florastraße

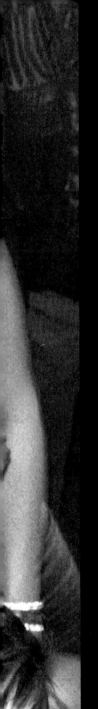

Der Kölner Party-Dschungel lässt sich auf knapp 20 Top-Adressen lokalisieren:

– liegen alle mehr oder weniger gleichmäßig über die diversen Ausgeh-Viertel verstreut. (Einen Sonderstatus haben die an den Ringen gelegenen „Ring-Discos" – primär Leute aus dem Umland, die einen auf Chic machen!)

Der Betrieb geht ab 23 Uhr los, – zwischen 4 und 5 Uhr machen die meisten schon wieder zu.

Türpolitik: meist liberal! – Eintrittspreise: meist im Bereich 10-20 DM.

Bei jedem Club und jeder Disco haben wir die kultigsten Club-Nights beschrieben.

(Weitere Infos zu Club Nights, DJs etc. in den Stadtmagazinen Stadtrevue und Prinz, – außerdem haben sehr viele Clubs eine eigene Homepage im Internet.)

O ft als Schickimickischuppen
kolportiert:

Party-Time für die Dolce-Vita-Gesell-
schaft, – Medienmenschen und titel-
fototaugliche Promis ebenso wie
Society-Girls und tussige Elegänse..

...mit adäquaten Attitüden und
Allüren:

„Diese Welt ist so stillos wie einen
geschüttelter Martini!"

(Architektonisch ist das Alter Wartesaal Kölns schönste Disco: von anno
1915 mit Gewölbe, Säulen und
Holzvertäfelung!)

• Mo. „Blue Monday" – Kölns beste
Montagsparty! Seit Jahrzehnten ein
mythenumwobener Event...

• Sa. wechselnde Veranstaltungen –
der DJ spielt smarte bis smoothe
Black Music...

ALTER WARTESAAL

Am Hauptbahnhof,
vor dem Eingang rechts 'rum;
Fon 912 88 50

Homepage: www.wartesaal.de

Geöffnet:
Mo. ab 23 Uhr, Sa. ab 22 Uhr,
sonst je nach Veranstaltung

Türsteher: mittel bis streng

T rotz Lage am Ring nicht nur zackige Jungs und zickige Mädels vom flachen Land,

– sondern yuppieske Jura-Studenten, die zwar auch täglich ins Fitnessstudio rennen, nur um gut auszusehen,

– aber intelligent genug sind zu wissen, dass dies den Tatbestand des § 111 („Sport aus niederen Motiven") erfüllt...

Sound: mainstreamig. – Preise: in der Spar-Sparte.

• Fr. „Studance" – expliziter Studenten-Abend (...als Erholung von Trott und Tort an der Uni). – Sound: Dance, House, Soul.

• So. „Nightfever" – ein moderater Oldie-Abend (...Hits aus dem Pop-Paläozoikum der 80er und 90er Jahre).

APOLLO

Hohenzollernring 79-83 (Ringe);
Fon 56 98 10

Homepage:
www.clubland-cologne.de

Geöffnet: Fr./Sa. 22.30 - Open End

Türsteher: liberal

Apollo

Kölns bester Techno-Club,

– wo DJs der alten Chicago- und Detroit-Schule auflegen!

Entsprechend ambitioniert, kein Deppentechno für Technodeppen,

– hier steht „180 bpm" doch tatsächlich noch für „beats per minute", nicht für „Bier pro Mann"!

(Auf Augenhöhe mit dem ARTheater liegt der Fr.-Club im Studio 672.)

Kommt als abgrunddunkler Keller, – undergroundig ist auch das Publikum:

Leute also, die sich das Signet „love and pace", Liebe und Tempo, auf ihre dröhnende Fahne geschrieben haben!

Tipp: Drinks zu ganz normalen Kneipenpreisen anstatt der in der Clubszene üblich gewordenen Mondpreise!

_____

Der Club befindet sich im Basement unterhalb eines Cafés, das schon um 18 Uhr aufmacht, um die Party ruhig anzulassen...

(Auch während der Party holt man die Getränke oben im Café!)

ARTHEATER

Ehrenfeldgürtel 127, Ecke Subbelrather Straße (Ehrenfeld);
Fon 550 33 44

Homepage: www.artheater.de

Geöffnet: der Club Do. bis Sa. 23 Uhr - Open End,
das Café tgl. ab 18 Uhr

Türsteher: sehr liberal

Z wei Eckpunkte machen die Fama des Clubs aus:

hat an drei Tagen die Woche After-Work-Club, – und visiert vermehrt auf die Generation der Thirty-somethings!

Läuft auf zwei Levels: ebenerdig Cocktail-Bar und unten, im Basement, Club. – Getränkepreise: akzeptabel.

• Di. bis Do. After-Work-Club nach Büroschluss (Motto: tags Stress, abends Strass). Schon um viertel vor fünf eine lange Schlange, – drinnen Gedränge und Gedrücke.

• Fr. und Sa. Ü30-Parties, atmomäßig zwischen Gala und Galama (Motto: Eros trotz Erosion):

wir sahen welk gewordene Rosenkavaliere und – blamabella! – Mittdreißigerinnen im scharfen Mini. Denn je lauter die biologische Uhr tickt, umso mehr tickt man aus...

DOWNTOWN CLUB

Brabanter Straße 15 (Belgisches Viertel); Fon 510 47 83

Geöffnet: Di. bis Do. 17 Uhr - Open End,
Fr./Sa. 21 Uhr - Open End, So./Mo. Ruhetag

Türsteher: liberal bis mittel

Kölns beste Studenten-Disco:

Zutritt nur mit Studentenausweis, – die Preise beschneiden sich bescheiden auf's Bafög-Budget!

Hier lernen Erstsemestler den Umgang mit Alkohol, – auf der Tanzfläche picken sich Jungs, die sich noch mit einem trockenen Brötchen rasieren können, die Rosinen aus dem Backfischteig.

(Genascht, geknutscht und gegrabscht wird in Sitzgruppen und an der Bar.)

Longdrinks zu Mensapreisen überfüllen das Ding wie BWL die Hörsäle. – Sound: unerhebliche Radiomusik.

─────────────

Das Ding ist ein Klassiker seit 60 Semestern! –

(In eigender Sache: Wir wurden an der Theke mitleidig ge"Sie"zt...Worauf wir uns zum Schönheitsschlaf nach Hause trollten...)

Das Ding

Das DING

Hohenstaufenring 32, Ecke Zülpicher Platz (Kwartier Lateng); Fon 24 63 48

Geöffnet: Mo. bis Sa. 21 Uhr - Open End, So. Ruhetag

Happy Hour: Di. bis 23 Uhr Freibier; Mi. Wodka-Lemon 2 DM; Do. Sekt 1 DM; Fr. Bacardi-Cola 2 DM; Sa. Whisky-Cola 2 DM)

Eintritt: ca. 5-10 DM

Türsteher: liberal (Studentenausweis!)

215

I n der angewrackten, entkernten Industrie-Halle läuft mit
das beste Musikprogramm der Stadt,

– vorwiegend im Bereich Alternative Rock und Elektro!

Publikum: notorische Trendsetter und Bahnbrecher...

...aus intakten Familien, die noch einen Vater haben anstatt
derer drei (...oftmals Wohlstandskinder, von ihren Alt-68er-
Eltern auf dem Rücksitz eines VW-Käfers gezeugt!).

• „Basswerk Session" – Kölns beste Drum 'n' Bass-Party
(einmal im Monat, samstags): Drum 'n' Bass mit allem
Drum und Dran!

———————

Das Gebäude 9 steht auf einer verwahrlosten Industrieanlage, wo jetzt
Künstlerateliers und Proberäume für Bands untergebracht sind.

(Geführt wird der Club von einer nonkommerziellen Initiative, die den Laden –
Dysfunktion hier, Dysfunktion dort – mit vitalem Bekenntnis zum progressiven
Chaos schmeißt!)

GEBÄUDE 9

Deutz-Mühlheimer
Straße 127-129 (Deutz);
Fon 81 46 37

Homepage:
www.gebaeude9.de

Geöffnet:
je nach Veranstaltung (im
Schnitt 4-5mal pro Woche)

Türsteher: sehr liberal

S ehr trendy, – durch die Uptown-Disco fegt das Feuer der Eitelkeiten...

Überall Hochglanzglamour,

– die Männer zeigen Positur, die Frauen Pose,

– und beiden fällt ihre gesellschaftliche Positionsbestimmung recht leicht: „Wo wir sind, ist oben!"

Sound: Disco, Soul und Funk – abtanzbare Mainstreammucke!

Deko: Discoglitter und -flitter, aufgewertet mit chinesierenden Elementen (Drachen, Tempelsymbole etc.)

Das Dragon ist die Neuversion und zeitliche Verlängerung des Cult-Clubs „Lucky B", der lange Jahre ein Fixpunkt im Kölner Party-Koordinatensystem war!

DRAGON

Hohenzollernring 16-18
(Ringe); Fon 257 09 30

Homepage:
www.clubland-cologne.de

Geöffnet: Do. bis Sa.
22 Uhr - Open End

Türsteher: mittel

KANTINE

Kempener Straße 135 (Nippes);
Fon 972 68 36

Geöffnet: Mo./Mi. 20 Uhr - Open End,
Fr./Sa. 22 Uhr - Open End

Türsteher: sehr liberal

Karline

R evier für älteres Publikum – trotz erster Knitterfalten im
Gesicht und Krähenfüßen um die Augen noch feierfreudig
wie in besseren Tagen...

Technofreier Sound: Charts-Kracher aus den fernverstaubten
Seventies und Eighties*.

Location: lieblose Halle auf einer Industriebrache.

• Mo. und Mi. „My Generation" – zusammen mit den Wochenend-
Parties im Downtwown-Club Kölns beste Ü30-Parties:

Jungs und Mädels im Herbst ihrer Nightlife-Karriere, aber noch
lange nicht gemach im Gemächte, – denn schließlich wird Sex mit
jedem Mal besser (...zumindest solange man ihn nicht immer mit
derselben Frau macht).

Positiv: beginnt schon ab 20 Uhr, viele kommen direkt von der
Arbeit!

• Fr. und Sa. dasselbe Publikum, aber etwas mehr gestylt (Klartext:
„Kosmetik macht aus der Not eine Jugend!").

---

* ... oder, wie wir Kids sagen: „bullshit formerly known as music"!

M ultifunktions-Komplex mit Restaurant, Kino und einem Club im Keller,

– der an diverse Privat-Veranstalter vermietet wird:

Adresse für ambitionierte Parties...

...und ebensolches Publikum, das den gewissen Stallgeruch der Szene hat!

(Auch wir gehen dort gerne hin, weil die Frauen hier nicht nur hübsch sind, sondern auch intelligent,

– so wie wir ja auch den Playboy deshalb kaufen, weil dort so gute Interviews drinstehen.)

Legendär sind die „Yalla"-Parties – mit World Music aus allen Winkeln der Welt – hochexotische Popmusik statt Popelmusik aus den westlichen Charts.

FILMHAUS

Maybachstraße 111 (Nordstadt); Fon 22 27 10 22

Geöffnet: je nach Veranstaltung

Türsteher: liberal

Filmhaus

S tillgelegte, klaftige Industriehalle, – wo primär Gitarrenlärm und Schrammelbeats aus den Boxen brüllen...

• Fr. „Depeche Mode Party" – die Halle voll mit leichenbleichen Grufties, die den Untergang der Gesellschaft herbeisuizidieren... Die Atmo ist gut, weil die Alchimie stimmt!

• Sa. „Rockgarden" – der Sound ist dezibella, schön laut. „Köln bleibt Köln, wie es rockt und rollt":

zwischen zwei prächtigen, trächtigen Theken pogen an die 400 Leute und treten sich gegenseitig auf die langen Haare...

• Ein- bis zweimal pro Woche Live-Konzerte, wo sich internationale und intranationale Größen von Fun Lovin' Criminals bis Heinz Rudolf Kunze das Mikro in die Hand geben.

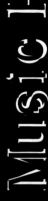

Music Hall

LIVE MUSIC HALL

Lichtstraße 30 (Stadtteil Ehrenfeld); Fon 954 29 90

Geöffnet: Mi. 20 Uhr - Open End, Fr. 21 Uhr - Open End, Sa. 22 Uhr - Open End (bei Konzerten Einlass ab 19 Uhr)

Eintritt: je nach Veranstaltung

Türsteher: liberal

Kölns beste Schwulen-Disco,

– monströs glamourös, schrill und
schräg, schwurbelig und schrundig!

Schwulschönheiten heizen ein und
reizen auf mit sexy Popoposen,

– Turbotunten tänzeln und schwänzeln
herum,

– Gogo-Tänzer räkeln sich auf den
Lautsprechern (...sog. Boxenluder):

„Wir wollen Partypartyparty – jetzt und
hier, denn von dem ganzen Pi-Pa-Po
geht uns das Pi-Pa am Arsch vorbei!"

———————

Das Lulu liegt in der Nähe der Hohe Pforte – eine
wichtige Schwulengegend:

Piste für virile Bart- und Lederschwule – jenseits der
Lebensmitte und dem Ministrantenalter definitiv entwachsen...

LuLu

LULU

Hohe Straße 14, nahe Hohe Pforte

Geöffnet: ab 22 Uhr

Türsteher: liberal

NEUSCHWANSTEIN

Mittelstraße 12-14
(Innenstadt); Fon 912 78 30

Geöffnet:
Mi. ab 22 Uhr,
Fr./Sa. ab 23 Uhr

Türsteher: mittel

Neuschwanstein

E in Name mit großer Heroik, vor dem wir ganz unbewusst Haltung annehmen:

macht so gut wie keine Werbung,

– Aura: exklusiv und expressiv, – Publikum: très chic und trendy, – Getränkepreise: hoch und höher...

Sound: melodiöser House bis totalitärer Techno.

• Mi. „Pink Triangle" – Kölns beste Mittwochs-Party für alle, die schwul, lesbisch oder bi, beides, sind! (Schon um Mitternacht erreicht der Flirtfaktor seinen Gay-Punkt!)

• Fr. „The Hottest Ting in Town" – wo junge, gut gekleidete Leute herbeiströmen, als würde in der Disco ein Yuppie-Kongress abgehalten. – Sound: Black Music.

• Sa. große House- und Techno-Parties mit Star-DJs à la Sven Väth, die – abgesehen von komischen Namen – auch Talent haben...

Kölns bester Latin-Salsa-Club,

– Hispanopop heißt hier der Rhytmus, wo jeder mit-muss!

(Ein Tanzlehrer weist, zu Beginn des Abends, ins Hand- und Fußwerk des Salsa ein. Gratis!)

Publikum: glutäugige und glutgläubige Latinos und spanische Muchachos,

– aber auch deutsche Blitzmädel, kess wie ein pflückreifer Apfel, auf der Suche nach ihrem Latin Lover...

• Fr. Köns bester Reggae-Dancehall-Event (zusammen mit dem Pow Wow Movement und dem Do.-Club im Studio 672)! – Dann natürlich ein anderes Publikum, Zapfenlocken und wallende Gewänder dominieren das Bild!

———

Das Petit Prince ist genau genommen ein Café mit Party-Keller. Das obere Café fungiert als Warm-up und hat ebenfalls die ganze Nacht auf.

Petit Prince

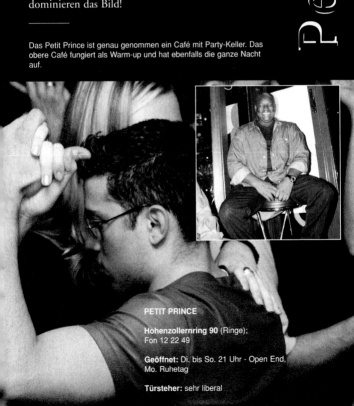

PETIT PRINCE

Hohenzollernring 90 (Ringe);
Fon 12 22 49

Geöffnet: Di. bis So. 21 Uhr - Open End,
Mo. Ruhetag

Türsteher: sehr liberal

S chönes Kellergewölbe – bekannt für Partytiraden (Motto: tanzen und tanken!).

Die Stimmung geht – um im szenigen Astronautendeutsch zu reden – ab wie eine Rakete,

– es wird ungescheut geschraubt und – um es euphemistisch zu umschreiben – „rumgemacht"...

Publikum: eher unprätentiös gestylt (...der Pulli vom französischen Modedesigner „Le Acryll", – die Hose vom englischen Fashion-Label „Cotton").*

• Kölns beste Schlagerparty (einmal im Monat, an einem Sa.) – wo sie die Schnulzenträllerer von Rex Gildo bis Gildo Horn exhumieren...

---

* Man trifft hier vielleicht nicht unbedingt fotomodelfähige Frauen, – dafür aber sympathische und paarungsbereite Mädels:

„Lieber eine gemähte Wiese als nur eine Augen-Weide!"

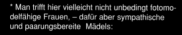

ROONBURG

Roonstraße 33, neben Hellers
Brauhaus (Kwartier Lateng);
Fon 972 52 52

Geöffnet: Mi. ab 18 Uhr, Do.
ab 21 Uhr, Fr./Sa. ab 22 Uhr

Türsteher: sehr liberal

Sehr kleiner Club – kaum größer als ein Puppenhaus, das an Partytagen zum Poppenhaus wird und zum Baggerloch:

funzeldunkel, – kleine Tanzfläche, – große Bar und grabbelige Enge...

(Studentisches Publikum – jung, verwöhnt und moralisch angenehm verlottert...). – Gute Getränkepreise!

Sound: Indie, Rock und Big Beat,

– immer mit Gitarren und ohne den allgegenwärtigen Elektrosmog moderner Computermucke...

ROSE CLUB

Luxemburger Straße 37
(Kwartier Lateng);
Fon 240 82 66

Geöffnet: Di./Fr./Sa. 22 Uhr - Open End,
Mi. 21 Uhr - Open End

Türsteher: sehr liberal

Der Rose Club war bis vor 10 Jahren ein legendärer Live-Club für Punkrock,

– erlebte dann aber, von Seiten unfreundlicher Nachbarn, wegen Lärm Belästigungen und wurde geschlossen.

Dann wechselnde Besitzer. Seit zwei Jahren neu etabliert unter Regie von André Meyer

NACHTFLUG

Hohenzollernring 89-93 (Ringe); Fon 510 22 29

Geöffnet: Di. ab 17.54 Uhr (After-Work-Party),
Do. ab 21 Uhr (RTL-Singleparty),
Sa. ab 22.30 Uhr, So. alle zwei Wochen
ab 7 Uhr (After Hour)

Türsteher: strenge Tür

N ette Disco am Ring:
Publikum 20-25 Jahre,
House-Sound.

Insbesondere ist das Nachtflug
für seine diversen Motto-Parties
bekannt!

• Di. „Sechs vor sechs" – After-
Work-Party: Büroleute und
streng gescheitelte Apparatschiks,
die aussehen, als legte ihnen
Mama immer noch morgens
das weiße Hemd und die
Bügelfaltenhose bereit...

• Do. „RTL Single Party" – wo
nach Herzens- und Körperlust
geflirtet wird bis zum kollektiven
Tabubruch...

• Sa. normale Ring-Disco, – im
Publikum knallschöne Michis,
Uschis und Monis aus der Re-
gion ebenso wie nass gegelte
Vorstadtstrizzis...

• So. „After Hour" (alle 2 Wochen) – wo sich 7 Uhr früh die
Party-Finalisten treffen....

229

D er kleine Keller-Klub ist Synoym für erlesene Electronic Sounds, die neuerdingsbums ja die diversesten Namen haben...

Publikum: modern. – Preise: moderat.

• Do. „Beat down Babylon" – Kölns bester Dancehall-Event! (Kein Rastafari-Larifari, sondern rasende Reggae-Beats und multikultiples Publikum!)

• Fr. „Total Confusion" – Kölns beste Techno-House-Party! (Hammerharte Beats sorgen für Energieschübe – oder, soziotypisch gesagt – zu turbodynami-schen Powerslides!)

• Sa. wechseln im 14-tägigen Turnus „Drehscheibe", wo HipHop aus den Boxen motzt und rotzt...

...mit „Spektrum" (Sixties Soul, Latin und NuJazz bewirken eine geradezu animative Psychokatalyse...).

STUDIO 672

Venloer Straße 40, gehört zum Stadtgarten (Belgisches Viertel); Fon 95 29 94 30

Homepage: www.stadtgarten.de

Geöffnet: Do. ab 22 Uhr, Fr./Sa. ab 23 Uhr, sonst je nach Veranstaltung

Türsteher: liberal

Tiefenrausch

U nterm Strich: niveauvoller Keller-Club am Ring,

– jener Ringstraße, die sonst eher als die Promenade der Pomade-Fraktion firmiert:

hier, im Tiefenrausch, tanzentanzentanzen Jungs und Mädels aus der Medienwelt, trendy und so sexy wie ein iMac...

...und demonstrieren den kleinen, feinen Unterschied zwischen Street-Fashion und Straßen-Schmuddel, zwischen dezent gepierct und voll vernagelt!

Sound: promovierter House, Trance und Big Beat.

• So. „After Hour" – jeder tanzt rum und macht Party, wenn alle Anständigen längst im Bett liegen oder wenigstens unterm Tisch...

TIEFENRAUSCH

Hohenzollernring 89-93,
neben der Disco Nachtflug (Ringe);
Fon 510 22 92

Homepage: www.tiefenrausch.org

Geöffnet: Fr./Sa. 23 Uhr - Open End,
So. ab 7 Uhr (After Hour)

Türsteher: liberal

231

T olle Architektur: im Foyer eines früheren Kino, – exorbitant groß, – eine Treppe wendelt sich über zwei Etagen...

Alles in allem recht trendy, wofür freilich auch adäquate Preise abgecasht werden.

• Do. Kölns bester After Work Club – verhaltensunauffällige Büroleute geben sich angestrengt lässig...

• Fr. „www.club" – House und technoizide Kläng mit feuerpausenlos wummernden Bässen...

• Sa. „Teatro Club Night" – Black Music zwischen 2-Step und Soul. Publikum: Yuppies und die Wiseguys der Medienbranche...

TEATRO

Habsburger Ring 18-20,
im Theater am Rudolfplatz
(Ringe); Fon 258 58 63

Homepage:
www.clubland-cologne.de

Geöffnet: Do. 18-1 Uhr,
Fr./Sa. 22 Uhr - Open End

Türsteher: liberal

INDEX

INDEX

INDEX